思索
사색은 나라를 생각하고[思], 나를 찾자[索] 라는 뜻이다.

영원을 사는 사람

김흥호 사상 전집 · 기독교 설교집 6

영원을 사는 사람

김흥호

사색

머 리 말

　　포도 알에는 발효하는 누룩이 벌써부터 있다고 한다. 발효시키는 균은 공기 속 어디나 있는 모양이다. 포도 알에서 불순물만 제거하고 그릇 속에 넣고 밀봉만 하면 어디서나 발효한다. 발효할 때에는 속에서 탄산가스가 나오기 때문에 부글부글 끓어오른다. 끓어오르는 동안에 일체의 부패균이 죽어 버린다. 그리하여 투명한 포도주가 된다. 일단 포도주가 되면 천년도 가고 만 년도 간다. 썩을 생명이 썩지 않을 생명으로 바뀌는 길은 발효밖에 없을 것이다.

　　거듭남[중생重生]이란 인간 생명의 발효를 말한다. 인간 생명의 발효는 탄산가스가 나오듯 강한 죄의식을 드러낸다. 나는 죄인의 두목이라고 외침은 죄가 있어서가 아니라 고도의 투명한 양심 때문에 죄의식을 느끼는 것이다.

오호라, 나는 괴로운 사람이라고 한다. 발효의 극치에 도달한 것이다. 영원한 생명에는 털끝만한 죄도 인정할 수 없기 때문이다. 발효가 끝나면 곧 투명한 감사가 뒤따른다. 포도가 죽고, 포도주로 다시 산 것이다.

포도주는 술이다. 불이 펄펄 붙는 술이다. 무엇에나 가 닿으면 생명의 불을 붙이는 정신의 불이다. 인생을 영원한 불이 되게 하는 길은 이 길 밖에 없다.

발효하는 비밀은 오직 밀봉뿐이다. 새 술은 새 부대에 밀봉하여야 한다. 새 부대란 새 종교라고 해도 좋고, 새 문제라고 해도 좋다. 새 문제란 별것이 아니다. 자기의 가장 근원적인 문제다. 이 문제 속에 나의 정열을 기울이는 것이다.

이 문제를 풀기 위해서 나의 최선을 다하여 파들어 간다. 그리하여 끈질긴 탐구 끝에 형이상학적 경험을 체험한다. 이것이 인간이 발효하는 경험이다. 이 발효를 통해서 소아는 대아가 되고, 썩어질 생명이 썩지 않을 생명으로 탈바꿈한다. 발효한 것이다.

발효의 비밀은 밀봉에 있고, 밀봉의 비밀은 하나의 문제 속에 자기를 몰입시키는 일이다. 몰입, 그것이 밀봉이기 때문이다.
그리하여 일단 발효하면 무색투명한 자아가 된다. 이런 자아가 나다.

1983년 12월

차 례

머리말   4

사도   12
로마서 1:1~7

복음   25
로마서 1:2~15

믿음   36
로마서 1:16~17

죄   51
로마서 1:18~32

교만   63
로마서 2:1~29

반역   78
로마서 3:1~20

하나님의 구체적인 사랑   92
로마서 3:21~26

역사 즉 신앙   104
로마서 4:1~25

십자가와 부활   116
로마서 5:1~11

아담과 그리스도 로마서 5:12~21	126
그리스도와 함께 로마서 6:1~14	139
정의의 종 로마서 6:15~23	151
결혼의 비의秘義 로마서 7:1~6	164
율법 로마서 7:7~12	174
마음의 법, 육체의 법 로마서 7:13~25	188
인생의 삼 단계 로마서 8:1~17	199
첫 열매 로마서 8:18~39	215
사랑의 실천 로마서 9:1~16:20	230

일러두기
1. 이 책은 『김흥호 설교집: 영원을 사는 사람』
 (이화여자대학교 출판부, 1984)의 제1부를 동일한 제목으로 엮은 것이다.
2. 책의 제목과 설교의 제목, 성경의 인용은 당시에
 저자 자신이 정했던 것으로서 그대로 두었다.
3. 맞춤법, 띄어쓰기, 외래어 표기는 현재 상용되는 〈한글 맞춤법 규정〉과
 국립국어원의 『표준국어대사전』에 준하여 새로 교정을 보았다.
4. 이 설교집의 교정은 김영철 선생, 김종래 선생이 맡아 주었다.

1983년　설교

하나님의 말씀을 알기 위해서는
하나님의 말씀을 자꾸 들어야 합니다.
자꾸 듣는 동안 저절로 알게 됩니다.
얼음이 녹듯이
조금씩 조금씩 알게 됩니다.
나중에는 얼음이 녹아서
한 컵의 물이 되면
그것만 마시면
하나님과 완전히 하나가 되는 것입니다.
건강한 정신과 건강한 육체,
나는 인생에서
이처럼 중요한 것이 없다고 생각합니다

사 도

1983년 5월 8일

로마서 1:1~7

그리스도 예수의 종, 나 바울이 이 편지를 씁니다. 나는 사도로 부르심을 받아 하나님의 복음을 전하는 특별한 사명을 띤 사람입니다. 내가 은총으로 사도직을 받은 것도 그분을 통해서였습니다. 이것은 모든 이방인들에게 하나님을 믿고 복종할 것을 가르침으로써 그분의 영광을 드러내기 위한 것이었습니다.

오늘은 로마서를 공부하면서 설교를 엮어 가겠습니다.

오늘 제목은 사도 바울이 쓴 것이기에 〈사도〉라고 붙였습니다. 동양식으로는 사도를 '죽어서 사는 사람'이라고 할 수 있고, 기독교적으로는 '부활해서 사는 사람' 요한복음 3장에서 말하는 '거듭나서 사는 사람'입니다. 예수님께서 나는 부활이요 생명이다 그러니까, 부활해서 사는 사람이라야 죽어도 부활할 수 있지, 살아서 부활하지 못하면 죽어서도 부활한다고 할 수는 없을 것입니다. 오늘 기뻐야 천당에 가서도 기쁘지, 오늘 기쁘지 않은 사람이 어떻게 천당에 가서 기뻐할 수 있겠습니까.

'오늘'을 중요하게 생각하는 것, 이것을 '실존적인 태도'라고 하는데, 오늘 천국에 살아야 이다음에 죽어도 천국에 갈 수 있지, 오늘 천국에 살지 못하면 이다음에 죽어도 천국에 못 간다는, 이런 사고방식이야말로 중요하다고 생각합니다.

오늘 예배를 보는 이 시간 기쁘고, 기쁘게 찬송 부르고, 교회 올 때도 기쁘게 와야지, 기쁘지 아니하면 그 누가 아무리 설교를 잘하고 기도를 잘해도 나와는 상관이 없는 것입니다. 내가 이야기하는 것을 하나도 알아듣지 못해도 그저 기쁘면 좋은 것입니다. 설교는 다음 문제이고 우선 기쁘면 되지 않습니까.

결국 이 로마서도 사도 바울이 한없이 기뻐서 쓴 것이니 한마디로 기쁨입니다. 그러므로 그 글을 보고 우리가 기뻐하면 그만이지 그 글을 꼭 알아야 됩니까. 이다음에 천국에 가서 시험 볼 것도 아니지 않습니까. 하여튼 이 책이 하도 유명하니 한번 보라는 것이지 꼭 알아두어야 한다는 것은 아닙니다. 지식을 가져야 천국에 가는 것은 아닙니다. 믿음으로 가는 것이지 지식으로 가는 것은 절대 아닙니다.

믿음이란 무엇인가. 교회 오는 것을 기쁘게 생각하는 것, 이것이 바로 믿음입니다. 예수님을 생각하면 기쁘다는 것이 바로 믿음입니다. 로마서는 딱딱한 것뿐이나 기쁨으로 충만된 글이라는 것을 알면 됩니다. 그런데 기쁨이 넘친 삶이 되려면 한 번 죽었다 다시 살아나야만 합니다.

　죽는다고 하는 것은 참 어렵습니다. 완전히 죽어야 하는데 그게 참 어렵습니다. 여기에 '예수 그리스도의 종'이라고 했는데 종은 주인 앞에서 완전히 죽어야 하는 것입니다. 노예는 아무 권리도 없습니다. 주인이 때리면 맞고 그저 시키는 대로만 해야 할 뿐입니다. 로마 제정시대 후기의 스토아 철학자로 에픽테토스(Epiktetos)라는 사람이 있었는데, 그는 노예였습니다. 그의 주인이 자꾸 다리를 꺾었습니다. 그래서 그가 "주인님, 그렇게 하면 다리가 부러집니다" 하자, 주인이 아주 다리를 꺾어서 부러뜨려 버리고 말았습니다. 그러자 그는 "그것 보십시오. 부러질 거라고 말하지 않았습니까" 했더랍니다. 이처럼 노예는 아무런 권리가 없습니다.

　결국 종이란 복종한다는 것입니다. 옛날 임금에게 얼마나 복종했습니까. 예를 들면 이순신 장군 같은 충신들이 바로 종인 것입니다. 나라를 위해서 거저 죽는 사람들이 바로 종인 것입니다. 더 깊게 말하면 그 사람들에겐 나라만이 있지 나는 없는 것입니다. 즉 무아無我가 되는 것인데, 이게 참 어렵습니다. 소아가 대아가 되기 위해서는 무아라는 단계를 지나가야 하는 것입니다. 변증법적으로 말하면 정반합正反合이 되려면 정이 반이라는 경지를 지나가야 하는 것입니다. 지나가는 그 순간은 한번 완전히 죽는 것입니다.

여러분이 유대를 이스라엘이라고 하는데, 그 이스라엘이라는 말의 뜻을 살펴보면 다음과 같습니다. '엘'은 하나님이라는 뜻이고, '이스라'의 뜻은 마호멧 교의 이슬람의 뜻과 같이 모두 복종한다는 의미를 지니고 있습니다. 즉 하나님께 복종하는 민족이 이스라엘이라는 뜻입니다. 이것은 야곱의 이름인데, 야곱이 천사와 씨름을 했는데 천사가 한번 쳤더니 야곱이 쓰러졌습니다. 그래서 그가 생각하기를 아! 하나님 앞에서는 이렇게 복종해야 되는구나, 해서 바꾼 이름이 이스라엘입니다. 그래서 이스라엘 민족이 됐습니다. 이스라엘이란 하나님 앞에 완전히 죽는다는 것입니다. 이 완전히 죽는다는 게 참 중요합니다.

그런데 인생에서 이 껌벅 죽는 게 한 번은 있어야 합니다. 더 쉬운 말로 하면 '졌다' 하는 것인데, 우리나라 사람 중에 가장 결점이 이 '졌다'는 경험을 못한다는 것입니다. '두고 보자' 하지, '졌다' 하지 않는 겁니다. 일본사람들에게 좋은 점은 '졌다' 하는 것입니다. 그 사람들이 신사神社에 갈 때, '오마이리'라고 하는데, 그 말은 신한테 졌다는 것입니다. 이스라엘과 같은 말입니다.

'예수 그리스도의 종' 하는 말은, 나는 예수 그리스도한테는 꼼짝 못한다는 말입니다. 예수 그리스도가 무슨 힘이 있어서 꼼짝 못한다는 그 말이 아니라 예수 그리스도를 무한히 존경한 다는 것을 가리킵니다. 존경해서 그 앞에서는 머리가 숙여지는 것, 바로 이것이 정말 '졌다' 입니다.

오늘(5월 8일) 학생들이 내게 꽃을 가져다 주었는데 나는 정말 부끄러워서 달지 못했습니다. 오늘 부모님들께 꽃을 많이 달아주는데 정말 부모 노릇한 사람이 몇이나 됩니까. 자녀들이 부모님을 너무 존경해서 껌벅 죽을 정도의 부모님이 몇이나 됩니까. 오늘 젊은 사람들 앞에서 부모님들은 회개합시다. 부모님들뿐만 아니라 선생님들도 정말 학생들에게서 존경을 받을 만한 분이 몇이나 됩니까.

그래도 나는 운이 좋아서 껌벅 죽을 정도로 존경할 만한 선생님을 가졌었습니다. 유영모라는 분인데, 한 번은 정월 초하룻날 세배를 갔습니다. 그런데 자기는 세배를 받을 자격이 없다면서 극구 사양하시기에 결국 세배를 못하고 말았습니다. 그분 말씀이 우리 둘이 같이 하나님께 세배하자 하셔서 우리는 둘이 함께 하나님께 세배를 했습니다.

엄격히 말하면 존경받을 만한 분은 하나님밖에 없습니다. 어떤 사람이 예수님더러 "예수님처럼 훌륭한 사람이 없습니다" 하니 예수님께서는 내가 뭐 훌륭하냐. 정말 훌륭한 분은 하나님밖에 없다고 하시더라는 것입니다. 하나님 외에 꽃 달 분이 어디 있습니까.

오늘이 어머니날인지, 아버지날인지 잘 모르지만 정말 진짜 부모님이야 하나님밖에 더 있습니까. 우리가 정말 하나님 앞에 껌벅 죽을 수 있다는 것, 그것이 바로 믿음이지 다른 게 있습니까. 하나님 앞에서 껌벅 죽기 위해서 그리스도 앞에서 껌벅 죽는 일이 있어야겠습니다. 예수 그리스도 앞에서 껌벅 죽기 위해서 먼저 선생님 앞에서 껌벅 죽어야 하겠습니다. 나는 정말 유영모 선생님이 우리나라에 계신다는 것이 너무 너무 기뻤습니다. 왜냐하면 수많은 사람을 만났지만 그분만한 진짜 사람을 보지 못했기 때문입니다.

진짜 사람을 만나면 자기 스스로 존경하지 않을 수 없는 것입니다. 그래서 정말 존경하고 그분 앞에 껌벅 죽었었습니다.

나에게 자랑할 게 있다면 그분 자랑밖에는 없습니다.

아버지 어머니 앞에서 한번 껌벅 죽는다. 이 세상에서 우리 어머니, 우리 아버지보다 더 좋은 분은 없다고 생각하고 젊은이들 껌벅 죽어주면 고맙겠지만, 강요할 것이 아니라 우리 스스로 노력해야 하는 것입니다. 그러기 위해서는 제일 중요한 것이 젊은이들에게 화를 내면 안 됩니다. 성경 말씀에 보면 "젊은 사람들에게 늘 노여워하지 말라"고 되어 있습니다. 즉 화내지 말라는 것입니다. 우리의 눈으로 보면 젊은이들이 잘못되어 보일지라도 현재의 눈으로 그들을 이해해 주어야 합니다. 이해해 주고 자꾸 위로 끌어 주고 그렇게 젊은이를 소중하게 생각해 주어야 합니다. 그렇게 되면 젊은이들은 우리 늙은 사람들을 존경해 줄 것입니다.

인생에서 가장 중요한 것이 존경이라고 생각합니다. 존경을 더 어렵게 얘기하면 경외敬畏하고 하는데 바로 존경의 극치입니다. 그 존경하는 도가 절대에 달하면 경외라는 말을 씁니다. 그래서 슈바이처가 "생에 대한 경외"라는 말을 썼습니다. 이것이 슈바이처의 철학입니다.

절대적으로 존경하는 것, 깊이 존경하는 것, 예수님을 깊이 존경한다, 하나님을 깊이 존경한다, 예수님을 깊이 사랑한다, 하나님을 깊이 찬양한다, 하는 '깊이'라는 말이 중요합니다. 그래서 선생님을 깊이 존경하는 것이 좋아요. 그래서 한번 내가 껌벅 죽는 것을 경험하는 것입니다. 그렇게 살아간다면 나도 모르는 사이에 그리스도 앞에서 죽는 날이 옵니다.

그리스도를 진리로 바꾸어도 좋습니다. 즉 진리 앞에 껌벅 죽는 때가 언젠가 올 것이라는 말입니다. 진리 앞에 껌벅 죽는다는 것을 곧 진리를 깨닫는다고 말합니다. 그러니 선생에 대한 사랑 없이 절대 진리를 깨달을 수 없습니다. 진리를 깨닫기 위해서는 선생이란 분처럼 중요한 분은 없습니다. 부모님이라고 해도 괜찮습니다. 하나님을 알기 위해서는 부모님을 통하지 않고는 절대 안 됩니다. 정말 우리가 부모님을 존경하게 되면 자연히 하나님을 존경하게 되는 것입니다.

아이들에게 귀찮으니 교회나 가라고 하지 말고 정말 아이들이 하나님을 경외할 수 있도록 우리 부모님들이 먼저 하나님을 경외해야 되겠습니다. 그러기 위해서 우리는 자녀들에게 화를 내면 안 되겠습니다. 아무리 화가 나도 꾹 참고 자녀들을 이해해야겠습니다. 네 입장은 그렇지만 이 세상에는 그런 입장만 있는 것이 아니라고 일러 줄 때 자녀들은 커지는 것입니다. 자녀들을 훌륭히 키우기 위해서 자녀들더러만 "훌륭해라, 훌륭해라" 할 것이 아니라 우리들 자신부터가 훌륭해져야 합니다. 우리들 자신도 훌륭해지려면 우리도 진짜 존경하는 사람을 가져야 합니다. 진짜 존경하는 사람을 통해서 우리가 진리를 깨닫게 되는 것입니다.

우리가 진짜 진리를 깨닫는다는 것, 예수님을 만난다는 것이 있어야 합니다. 로마서 1장 처음에 "예수 그리스도의 부름을 받은 나"라는 말이 있는데, 이건 결국 예수 그리스도를 만났다는 것입니다. 진리를 깨달았다는 것이고, 존경을 하다가 깨닫는 경지까지 갔다는 것입니다. 깨닫는 세계가 더 발전하면 사랑하는 세계가 되는 것입니다.

예수 그리스도에게 특별히 택함을 받은 나라고 했는데 이것은 예수 그리스도에게 사랑을 받는다는 말입니다. 그러니까 처음에 존경을 하다가, 그다음 만났다가, 그다음에 사랑하는 사람, 이 세 단계가 인생에서 가장 중요한 것입니다. '존경한다' 그게 길이고, '만났다' 그게 진리이며, '사랑한다' 그게 생명입니다. 그래서 '나는 길이요 진리이며 생명이다' 하는 말씀이 있는데 예수님을 존경하다가 만나고 사랑하는 이 세 가지 단계가 인생에서 가장 중요합니다. 이런 계단을 걸어 간 사람이 사도 바울입니다.

그래서 맨 처음 예수 그리스도의 종이라고 해서 한없이 예수님을 존경하는 것이고, 그다음에 예수 그리스도의 부르심을 받음으로 예수 그리스도를 만나는 것입니다. 다메섹 도상에서 예수 그리스도를 만나는 것을 우리가 알 수 있습니다. 다메섹은 항상 눈이 덮여 있다 하여 헬몬이라는 이름을 가진 산 아래 있는데 거기에서 사도 바울이 예수님을 만난 것입니다. 이것은 베드로가 예수님을 만났다는 것과는 다릅니다.

가만히, 베드로가 예수님 제자인가, 바울이 예수님 제자인가 생각해 보십시오. 그런데 바울이란 사람은 예수를 본 일이 없습니다. 바울의 정확한 연령은 모르나 대개 따져보면 예수와 같은 또래인 것 같습니다. 로마서를 바울이 주후 58년에 썼습니다. 그렇게 보면 예수님이 58세 나던 해에 고린도라는 곳에서 쓴 것입니다. 고린도에서 배만 타면 세계의 수도인 로마로 건너갈 수 있는 곳에서 쓴 것입니다.

그런데 바울은 예수를 못 봤지만 베드로는 예수를 삼 년이나 쫓아다닌 사람이에요. 그러나 예수의 제자는 베드로가 아닌 바울입니다. 공자의 제자가 밤낮 공자를 모시고 있었던 증자가 아니라 백 년 후의 사람인 맹자가 공자의 제자이듯 비록 예수를 본 적은 없으나 바울이 예수의 제자입니다. 그런 것을 보면 육체적으로 붙어 다녔다고 제자가 아닙니다. 우리가 예수님과 이천 년 떨어져 있다고 하여 베드로보다 제자가 될 수 없다고 하는 것은 말이 안 됩니다. 우린 넉넉히 베드로 이상의 제자가 될 수 있습니다.

정신의 세계는 시간과 공간의 세계를 초월합니다. 사도 바울은 시간과 공간을 초월한 사람입니다. 그러니까 바울이 진짜 예수의 제자입니다. 성경의 삼분의 일이 바울의 편지이지 베드로의 것은 일부입니다.

우리는 복음을 전한다 하면 성경 얘기를 졸졸 따라 외우면 되는 것처럼 생각하는데 그게 아닙니다. 로마서를 쭉 읽어보면 예수의 말을 인용한 것은 하나도 없습니다. 그러나 그게 복음을 전하는 것입니다. 예수의 정신을 바울은 자기 식대로 표현한 것입니다. 더 쉽게 말하면 하나님의 사랑을 예수는 예수 식으로, 바울은 바울 식으로 표현한 것입니다. 그게 같은 하나님의 사랑이기에 예수의 진짜 제자는 바울이라고 생각하는 것입니다.

꽃을 가져오는 것보다 가져오는 마음이 중요한 것입니다. 만약 아첨하려고 가져왔다면 그렇게 더러운 것이 없지만 존경하는 마음에서 가져왔다면 더 없이 고마울 것입니다. 문제는 마음입니다. 믿음의 세계는 시간과 공간을 초월하는 세계로서 지금도 언제나 우리가 예수님과 같이 있을 수 있으면 예수님의 제자가 될 수 있는 것입니다. 바울과 같이 우리도 한없이 예수님을 존경하고 종당은 껌벅 죽는 때가 있어야 되고, 그것은 예수님을 만나는 것이고 진리를 깨닫는 것이며, 그리고 다시 사는 것입니다. 그럴 때가 예수를 사랑하는 것이며, 그런 식으로 생각하면 사도는 죽었다 산 사람인 것입니다.

사람은 생사生死와 싸우다가 생사에 죽었다가 생사로 살게 된다는, 세 계단이 있습니다. 생사와 싸운다는 것은 생사의 틈바구니에 끼어 있다는 말이고, 생사에 죽었다는 말은 생사를 초월했다는 것이며, 생사로 살게 된다는 것은 생사가 그대로 생명의 필수가 된다는 것이요, 생사처럼 중요한 게 없다는 그 말입니다. 사람은 누구나 생사와 싸우지 않을 수 없는데 그것은 언제나 생사가 문제가 되기 때문입니다.

사는 것이 좋을까, 죽는 것이 좋을까 하고 고민해 보지 않은 인생이 있을까요. 사람은 혈기왕성한 젊은 시절에 맘껏 고민할 수 있어야 합니다. 젊은이가 고민도 해야지 고민도 못하는 젊은이는 젊은이도 아닙니다. 억지로 하는 것이 아니라 진짜로 해야 되는 것입니다. 왜냐하면 고민은 젊은이의 특권이기 때문입니다. 이럴 때가 생사와 싸우는 때입니다. 고민이란 별게 아니라 인생의 의미를 찾는 것입니다.

사람이 삶의 의미를 찾기까지는 안심을 할 수가 없습니다. 그러노라면 싸움이 끝날 때가 있고, 그때는 이미 생사가, 생사가 아닙니다. 생사가 죽고 마는 것입니다. 내가 죽는 것이 아니라 생사가 죽고 말았다는 것입니다. 인생의 의미를 발견하면 생사는 죽고 맙니다. 즉 살아도 좋고 죽어도 좋습니다.

인생은 생사의 싸움 끝에서 죽어도 좋다 하고 눈을 꼭 감는 때가 있습니다. 이때부터 생사는 문제가 안 됩니다. "죽을테면 죽고, 살테면 살아라, 그보다도 할 일이 중요하다." 인생의 할 일을 발견하게 되는 것입니다. 이 할 일을 위해서 인생은 생사를 이용하게 됩니다. "삶이 일에 도움이 되면 살고, 죽음이 일에 도움이 되면 죽는다." 생사가 수단이 되는 것입니다. 결국 생사는 구원의 도구요, 사랑의 수단이 됩니다. "나는 살 권리도 있고, 죽을 권리도 있다"는 말은 예수님의 말씀입니다.

생사가 자기의 할 일을 위해서는 하나의 도구가 된다는 것입니다. "나는 죽을 능력도 있고, 살 능력도 있다." 그것이 십자가와 부활의 생명입니다. 그들에게는 사는 것도 사랑이요, 죽는 것도 사랑입니다. 백 번 살아서 구원하고, 천 번 죽어서 구원하는 것이 그들의 사명입니다.

사명이란 성령의 부름을 받아 사도로서의 사명을 가졌다, 하는 그 사명입니다. "생사는 그들의 생명이 되었고, 생사는 그들의 영원한 생명의 한 토막이 되었다. 올 때는 오고, 갈 때는 간다. 오고 가는 것이 그대로 사랑이다. 사는 것도 사랑이요, 죽는 것도 사랑이다." 이렇게 되는 것이 사도입니다.

복 음
1983년 5월 15일

로마서 1:2~15

  이 복음은 성서에 있는 바와 같이 일찍이 하나님께서 당신의 예언자들을 통하여 약속하신 것입니다. 그것은 다름 아닌 하나님의 아들에 관한 소식입니다. 그분은 인성으로 말하면 다윗의 후손으로 태어나신 분이며, 거룩한 신성으로 말하면 죽은 자들 가운데서 부활하심으로써 하나님의 권능을 나타내어 하나님의 아들로 확인되신 분입니다. 그분이 곧 우리 주 예수 그리스도이십니다.

  요즘 서울에 사는 사람들은 가끔 폭음을 듣게 되는데 나도 내 방에 앉아 있으면 가끔 쾅 하는 소리가 들려옵니다. 부근에 돌 깨는 곳이 있나, 대포를 쏘는 연습을 하나, 여러 번 의심을 했는데, 지난 주 금요일에 그 의문이 풀렸습니다. 서울 시내를 밤낮 정찰하는 비행기가 있는데 보통 음속 이하로 날아다니는데 음속 이상으로 날게 되면 그런 폭음이 난다는 겁니다. 음속은 한 시간에 1,200km를 달리는데 비행기가 그 한계를 넘어서면 대포알 터지는 소리가 나는 모양입니다. 그러고 보면 이 세상에는 음속이라는 한계가 있나 봅니다.

　복음이란 별게 아니고, 이 세상과 하늘나라는 한계가 있는데 그 한계를 탁 터뜨리고 나갈 때 나오는 소리가 복음이라 할 수 있습니다. 어떤 사람이건 능력에 한계가 있기 때문에 부딪치면 그 이상 더 가지를 못합니다. 내가 젊었을 때 백 미터 달리기에 십 초라는 벽이 있었어요. 그리고 마라톤 하면 그곳에도 역시 벽이 있었어요. 그러나 사람이 그 한계를 넘어가야지 그렇지 않으면 살기가 참 어렵습니다.

　김포공항에서 비행기가 뜰 때 수직으로 바로 뜨는데, 왜냐하면 낮게 뜨면 공기의 압력으로 기름이 많이 든다는 거예요. 그런데 비행기가 한 시간이나 한 시간 반 동안 떠다니려면 기름이 15 내지 20드럼이 든다고 해요. 우리 집에서 1년 쓰는 기름이 20드럼인데 우리 집에서 1년 쓰는 기름을 그 비행기는 1시간, 혹은 1시간 반 동안 돌아다니면서 다 써 버리는 것입니다.

　그런데 콜롬비아니 챌린저니 하는 우주선이 올라가는데 1만 드럼이나 소모된답니다. 1만 드럼이면 6억 가까이 됩니다. 그만큼의 기름을 쓰고 일단 올라만 가면 기름이 한 방울도 소용이 없는 것입니다. 그곳은 진공 상태라 작은 공기총 하나만 가지고도 날아갈 수 있으니 지구를 몇 바퀴나 돌아도 기름이 소모되지 않는 것입니다. 그런 세계를 우리는 한계를 넘어선 세계, 무한한 세계라고 하지요. 사람은 유한한 세계에서 무한한 세계로 가야 그곳에 자유가 있지, 무한한 세계가 없으면 자유라는 게 없어요.

그래서 요전에 사도는 죽어서 사는 사람이라 그랬는데, 복음이라는 것은 이 세상에서는 죽고 하나님 나라에서 사는 것입니다. 이 세상을 떠나서 하나님 나라에 사는 것, 그것이 바로 복음입니다. 그 한계를 넘어설 때 어떤 사람은 귀가 멀고, 말을 못하고 눈이 머는 사람도 있습니다. 사도 바울이 다메섹 도상에서 예수 그리스도를 만났다 하는 것은 한계를 넘어가는 것입니다. 그 한계선을 넘어갈 때 사도 바울은 그만 눈이 멀고 말았습니다. 세례 요한의 아버지는 천사를 만났을 때 그만 말을 못하게 되었습니다. 모든 사람이 다 그렇지는 않겠지만 복음에는 그런 증거가 여럿이며, 하여튼 사람에게 충격을 주는 것만은 확실합니다. 결국 복음을 전한다고 하는 것은 자기가 그런 경험을 했다는 것입니다.

예수님께서도 세례 요한에게 세례를 받을 때 천상에서 들려오는 소리는 "이는 내 아들이고, 내가 기뻐하는 자라"였어요. 무한의 세계에서 유한의 세계로 들려오는 소리죠. 이런 근본경험을 예수님께서는 삼 년 동안 우리에게 들려 주셨습니다. 바울도 자기가 예수님을 만난 그 근본경험을 몇 십 년 동안 우리에게 전해 주었습니다. 그것이 복음입니다. 그러면 이 근본경험이 무엇인가. 그것은 유한의 세계에서 무한의 세계로 뚫고 나가는 경험을 말합니다. 그것은 각 방면에서 이루어집니다. 예를 들면 판소리나 창唱하는 사람들은 어느 순간에 목구멍에서 피가 터져 나온다고 하는데 그때를 지나면 하루 종일 창을 해도 힘들지가 않다고 합니다. 결국 한계를 넘어선 것이지요.

작년에 김자경 씨가 독창회를 한다고 해요. 그때 그분은 65세라서 노래를 부르다가 실수하면 어떡하나 걱정했습니다. 더욱이 감기까지 걸렸으니 아주 불안해서 안 갈까 그랬는데 자꾸 오라고 그래서 갔더니 목소리를 끌어올릴 때 목소리가 가늘어지더니 그냥 올라갑디다. 정말 이상했어요. 아마 발성법發聲法이라는 것인가 봅니다. 비록 65세이지만 틀린 것 하나 없이 앵콜을 받고 다시 올라가고 무한히 올라갑니다. 아마도 그 사람은 무중력 상태까지 도달해서 그곳에서는 자유로운가 봅니다. 그 사람 70세가 되어도 또 할 겁니다. 그 벽을 뚫어 놓은 것은 다른 게 아니라 발성법입니다. 사람의 한계를 넘어서게 하는 것이 법입니다. 그 사람 역시 자기의 발성법을 가지고 자기 목소리의 한계를 넘어선 것이지요.

내가 붓글씨 쓰는 얘기를 하겠어요. 대나무를 치고 있는데 어떻게 그려 놓았는지 꽤 잘 그렸다고 칭찬도 받았어요. 그래서 선생님 앞에서 그려 보라고 해서 그렸더니 잘 안 됐어요. 무엇이 안 됐냐 했더니 선생님 말씀이 "대나무 잎을 그릴 때 그리지 말고 글자를 쓰라"는 것이었습니다. 그림은 속기俗氣를 빼야 되는데 글자를 써야만 누구나 속기를 뺄 수 있게 된다는 것입니다. 우리로 말하면 아까 음속을 넘어섰다고 그랬는데, 세속世俗을 넘어서야 한다는 것입니다. 세속을 넘어서야 하나님 나라에 갈 수 있는 것입니다.

세속이란 게 뭐냐. 바로 속기俗氣입니다. 예술의 세계에서도 자꾸 대나무를 쳐 가면 속기가 빠집니다. 나중에는 아무 속기 없는 완전무결한 대나무가 나옵니다. 하나의 창작의 세계, 창작의 세계란 역시 한계를 넘어서게 되면 그런 세계가 나옵니다. 내가 초서를 끝냈다 할 때도 초서에는 법이 있는데 그걸 넘어서지 않고는 초서를 끝냈다고 할 수 없습니다. 법이 체득되는 순간 그걸 넘어서는 것입니다.

돈을 버는 것도 그 법을 체득하기까지는 어려울 줄 압니다. 일단 그 법을 체득하고 나면 자연히 돈은 굴러오게 되어 있는 거예요. 그러니까 인생의 본질은 자유다 하는 말이 있듯이, 인생에 자유가 없으면 살 수가 없습니다. 인생은 어떤 방면이든 자유를 갖게 되는데 경제적인 자유, 정치적인 자유, 문화적인 자유, 사회적인 자유 다 마찬가지입니다. 과학의 세계도 그 한계를 넘어가는 것입니다. 과학의 세계에서 그 한계를 넘어가려면 법칙이란 것을 가지고 넘어가야 합니다. 우주선을 쏠 때도 아무 곳에서나 쏘면 무슨 벽 같은 것에 걸려 다 타버린다고 하더군요. 그것이 없는 곳은 남극과 북극밖에 없다는 겁니다. 그래서 남극으로 향해 쏘아서 올리고, 내려올 때도 그렇게 내려와야지 그렇지 않으면 안 된다고 합니다.

어디든지 꼭 법이라는 것이 있습니다. 고양이를 잡을 때도 목덜미를 잡아야지 다른 데를 잡으면 할큅니다. 토끼 역시 귀를 잡아야 하듯이 법이란 게 꼭 있습니다. 요령이란 것과 같은 말입니다. 동물을 길들일 때도 이 요령을 가지고 하면 쉽습니다. 사람과 같이 살 때도 언제나 요령이 필요합니다. 남자, 여자가 결혼하여 살 때도 남자의 장점, 여자의 장점을 붙잡으면 됩니다.

옛 사람들은 견성성불見性成佛이라고 했는데, 그런 남자의 장점이라고 할까 본심이라고 할까 하는 것을 붙잡고, 여자의 장점과 본성을 아는 것이 지혜라 하는 것입니다. 그 요령을 붙잡을 줄 알면 그게 지혜다 그겁니다. 그것 없이는 이 한계선을 넘어갈 수가 없습니다.

법이라는 것, 우리가 물속에 들어가면 풍덩 빠지지만 그러나 조오련 선수는 부산에서 현해탄을 건너듯이 그 법이라는 것을 알면 무중력 상태처럼 문제없습니다. 내가 언젠가 제주도를 갔는데 제주 남자들은 하루 종일 창 하나 가지고 물 위를 떠다니고 있어요. 해녀들은 바가지 같은 것을 타고 다니지만, 그 사람들은 바야흐로 한계선을 넘어선 것이에요. 무엇이든지 한계선을 넘어선다는 것, 이것이 대단히 중요합니다.

종교도 역시 마찬가지입니다. 예술의 세계에서 속기를 빼버려야 순수한 예술세계로 넘어가듯이, 하나님의 세계에 들어가려면 세속의 속기를 빼버려야 되는 것입니다.

종교에도 법이 있는데 이 법을 복음 혹은 진리라고도 하는데 이 복음, 진리, 법을 따라가지 않으면 어떻게 하더라도 되지 않습니다. 그것을 따라서 넘어서면 하늘에 가서 하나님 나라가 있는 게 아니라, 세상에 살면서 여기에서 하늘나라에 사는 것입니다.

음속을 넘어가는 세계가 무슨 저기에 있는 것이 아니라 1,200km를 넘어가면 바로 여기가 음속을 넘어서는 세계인 것입니다. 이런 한계를 넘어서는 것, 과학적으로 한계를 넘어서는 것, 철학적으로 한계를 넘어서는 것, 종교적, 예술적으로 한계를 넘어서는 것, 그렇게 한계를 넘어서는 데에 자유가 있는 것입니다. 그런 자유의 세계가 아주 행복한 세계입니다.

그래서 우리가 '복음' 할 때는 행복이란 말을 쓰는 겁니다. 그 행복한 세계에서 오는 소식이라고 해서 '기쁜 소식' 하는 겁니다. 기쁨에 대해서 여러 번 말했듯이 '기가 뿜어 나온다' 그것 역시 유한한 세계가 무한한 세계의 한계를 터뜨리고 기가 뿜어 나오는 것입니다. 그걸 터뜨리는 것이 없으면 기쁨이란 게 없습니다. 고등학교 3학년 학생들이 시험을 거쳐 대학에 입학할 때 기쁜 것처럼 기쁨이란 한계를 터뜨릴 때 기쁜 것이지, 한계 안에 있을 때는 기쁘지 않습니다.

그 괴로운 세계를 죄악의 세계라고 해도 좋습니다. 난 그래서 과학적인 자유, 철학적인 자유, 예술적인 자유, 종교적인 자유가 있어야만 적어도 살 수가 있다고 생각합니다. 헌법에서 보장하는 것도 바로 그것입니다. 정치적인 자유, 경제적인 자유, 문화적인 자유, 사회적인 자유, 경제적인 자유를 해결키 위해서 과학이 있고, 정치적인 자유를 해결키 위해 예술이, 문화적인 자유를 해결키 위해 철학이, 사회적인 자유를 해결키 위해서 종교적인 자유가 있는 것입니다. 이 네 가지 자유는 누구나 어쩔 수 없이 해결해야 되는 겁니다.

그중에서도 기독교라고 하는 종교적인 자유를 어떻게 하면 얻나 하는 것이 말하자면 복음이라는 것입니다. 그래서 어느 성경에 보면 사도 바울은 로마를 가보고 싶어 했어요. 왜냐하면 그이는 촌사람이었으니 서울에 가고 싶은 것이었겠지요. 역시 땅 끝까지 요새말로 말하면 대서양 끝, 스페인까지 가보고 싶다고 했어요. 성경에 의하면 바울은 "나는 꼭 너에게 가고 싶다. 왜냐하면 유한의 세계에서 무한의 세계로 넘어가는 방법 — 즉 이게 복음인데 — 을 너에게 꼭 알려주고 싶기 때문이다"고 했습니다. 나도 지금 몇 학생에게 붓글씨를 배워 주고 있는데 내가 붓글씨를 더 배웠기 때문에 자꾸 배워 주고 싶어요. 이게 사람의 인정입니다.

바울도 유한의 세계에서 무한의 세계로 한번 나가 보니 그렇게 좋을 수가 없었어요. 유한의 세계를 감옥이라고 하지 않습니까. 감옥에 갇혀 있다가 한번 나와 보니 세상이 그렇게 좋을 수가 없는 거예요. 일전에 감옥에서 탈옥했다가 다시 들어간 도둑은 나왔을 때 참 좋았을 거예요. 만약 그 도둑이 나오는 방법을 확실히 알고 있다면 틀림없이 또 나올 거예요. 그런데 나는 그가 그 방법을 확실히 알고 있는지 어떤지는 모릅니다.

그러나 바울은 그 나오는 방법을 확실히 알고 있었어요. 나도 붓글씨 쓰는 방법을 확실히 압니다. 그대로만 쓰면 되듯이 바울도 유한의 세계에서 무한의 세계로 넘어가는 방법을 확실히 알았어요.

그래서 바울은 누구에게나 문화인이든, 야만인이든, 교양이 있는 사람이건, 교양이 없는 사람이건 간에 말하고 싶어 했어요. 이게 그의 안타까운 마음이었어요. 그리하여 스페인이라는 땅 끝까지 가서 이 방법을 가르쳐 주리라고 열의를 냈던 것입니다.

요전에는 로마서 1장 1절을 얘기했지만, 2절에 보면 바울은 자기가 이 방법(복음)을 전하기 위하여 특별히 택함을 받은 사람이라고 했고, 3절에 보면 복음이란 게 별게 아니라 무한의 세계에서 사는 방법을 가르치는 것이라고 하며, 무한의 세계란 다름 아니라 하나님의 아들로서의 세계다. 하나님의 아들로서의 세계는 다른 게 아니라 우주선이 무중력 상태에서 우주 궤도를 도는 것이 바로 하나님의 아들일 것입니다.

하나님의 아들 되게 하는 것은 오래 전부터 앞으로 이렇게 될 것이다, 누군가 벽을 뚫을 것이다 그런 것이, 많은 예언자들에 의해서 이어져 왔다는 것입니다. 바울에 의하면 그 벽을 뚫은 사람은 바로 '예수 그리스도'라고 했습니다. 예수 그리스도가 벽을 뚫었으니까 이제 됐다, 산 속에 길이 없었는데 누군가가 길을 뚫었으니 이제 됐다, 이게 바울의 믿음입니다. 바라는 것의 실상에 대한 확신이 선 것입니다.

암스트롱(Neil Armstrong)이라는 사람이 달에 올라갔으니 이제 누구나 달에 올라갈 수 있다 이겁니다. 그럼 어떻게 올라가나. 우주선 타고 올라가야 합니다. 여기서 쏘아야 됩니다. 그런데 쏘아서 올라간다는 것을 바울은 3절에서 부활 승천이라고 했습니다.

부활 승천이란 쉽게 말하면 달에 올라갔다 그 말입니다. 그럼 날아 올라가려면 그냥 올라가는 게 아니라 기름이 굉장히 많이 있어야죠. 그게 3절의 예수는 다윗의 아들이라는 말입니다. 그러니까 인성人性으로 말하면 다윗의 아들이고, 기름이며,

신성神性으로 말하면 부활 승천이고, 날아 올라간다는 말이죠. 기독교에서는 인성이란 말 대신 '십자가의 보혈'이라고 말하는데 이게 바로 기름으로서 이것으로 날아 올라간다는 거죠.

날아 올라가면, 한계를 깨뜨리고 올라가면 그것이 다름 아닌 하나님 나라입니다. 그곳은 어떠한 곳인가. 바로 자유의 세계입니다.

그래서 복음이란 무엇인가. 바울에 의하면 기름을 가지고 우주선을 타고 무중력 상태에 도달하는 것입니다. 사람으로 말하면 다윗의 자손이고, 신성으로 말하면 부활 승천하는 것입니다. 결국은 하늘에 올라가서 하나님 아들이 되는 것, 그 얘기를 우리는 복음이라고 합니다.

그러니까 복음은 무엇인가. 복음은 폭음이라는 것이죠. 복음이란 뭔가. 자기 한계를 넘어서는 것입니다.

결론은 유한한 인간이 자기의 유한성을 깨뜨리고 무한한 세계로 몰입해 가는 것이 복음이고, 그것을 경험하는 것이 복음을 믿는 것입니다. 그것을 다른 말로는 십자가의 피의 공로를 믿는다고 합니다. 십자가의 피가 기름입니다. 십자가의 피가 말씀이며, 십자가의 피가 성령입니다. 성령의 힘으로, 믿음의 힘으로 한계를 뚫고 올라가는 것입니다.

믿 음
1983년 5월 22일

로마서 1:16~17

나는 그 복음을 부끄럽게 여기지 않습니다. 복음은 먼저 유태인들에게 그리고 이방인들에게까지 믿는 사람이면 누구에게나 구원을 가져다주는 하나님의 능력입니다. 복음은 하나님께서 인간을 당신과 올바른 관계에 놓아주시는 길을 보여 주십니다. 인간은 오직 믿음을 통해서 하나님과 올바른 관계를 가지게 됩니다.

오늘은 〈믿음〉이란 주제를 가지고 얘기를 하겠습니다.

죽어서 산 사람이 '사도'라 했고, 유한에서 무한으로 가게해 주는 법이 '복음'이라고 했습니다.

그러면 믿음은 무엇인가. 나는 한 마디로 무한을 가지고 사는 게 믿음이라고 말합니다. 그러니까 사도란 말이나, 복음이란 말이나, 믿음이란 말은 내용은 다 같습니다. 즉 죽어서 산다는 것이나, 유한에서 무한으로 간다는 말이나, 무한을 가지고 산다는 말은 다 같은 말입니다. 여러분도 믿음을 가지고 살고, 나도 믿음을 가지고 살아가기에 믿음에 대해서 무슨 얘기를 하지 않는다 해도 다 알고 있으며, 여러분도 느끼고, 나도 느끼고 그런 겁니다. 그래서 별로 할 말은 없지만 해야 되겠기에 또 하는 것입니다.

내가 이전에 우주선이 무중력 상태에 도달하면 연료가 하나 없어도 둥둥 떠다닌다는 것을 이야기했지요. 나도 우주선을 한 번 타 보았으면 좋겠어요. 그곳에서 지구를 바라보면 참 아름다울 것 같은데 말입니다. 사진을 보면 구름이 쌓인 지구가 상당히 아름답던데, 이다음에 우주선 여행시절이 오면 빙빙 도는 것이 어떤 것인지, 무중력 상태가 어떤 것인지 한번 알아보고 싶어요. 그러나 우리가 믿음을 가지면 그곳까지 가지 않아도 그곳에서처럼 살 수 있다는 것이죠.

그곳과 마찬가지라는 것은 사는 것이 한없이 쉽다는 것입니다. 기름을 넣지 않아도 곧장 날아가는, 무슨 재료가 필요 없는, 그렇게 쉬울 수가 없는 삶입니다. 그러니까 신앙생활을 한마디로 말하면 쉽게 사는 것이라고 할 수 있습니다.

또 하나는 신앙생활이란 상당히 즐거운 것이라고 말할 수 있겠지요. 무중력 상태에 가면 얼마나 재미있겠어요. 난 믿음의 내용을 그렇게 두 가지로 봅니다.

그러니까 믿음을 가지고 사는 삶은 살기가 쉽고 아주 즐겁다는 겁니다. 믿음이란 말을 동양식으로 풀이하면 도道라는 말을 씁니다. 우주선이 왜 그렇게 쉽게 올라갈 수 있나 하면 궤도에 올라탔기 때문이에요. 도는 곧 길이라는 겁니다. 길을 간다는 것은 쉬운 일입니다.

그러나 산에 가서 길을 잃으면 참 어렵습니다. 길을 못 찾으면 여간 어려운 것이 아닙니다. 그러나 길을 간다는 것은 쉬운 일입니다. 길을 가려면 친구가 많아야 됩니다. 그래야 같이 즐겁게 얘기하며 갈 수 있어요.

그래서 옛날부터 지도무난至道無難이라고 말하는데 이건 도에 이르면 어려운 것이 없다는 말입니다. 지도至道는 항상 즐거운 것입니다. 도에 통하면 언제나 기쁘다, 옛날 사람들이 도에 대해서 말한 것이 이것입니다. 그렇게 보면 인생이 어렵다. 인생이 슬프다 하는 것은 인생에 믿음이 없어서 그런 것입니다.

그러나 믿음을 가지고 살면 인생에 어려움이나 슬픔은 없어집니다. 왜냐하면 무한을 가지고 살기 때문입니다. 어느 성경에 보면 하나님과 올바른 관계를 가지고 산다고 하는데, 하나님을 다르게 말하면 무한입니다. 하나님은 아무리 퍼내고 또 퍼내도 무한한 끝없는 대양과 같은 것입니다. 하나님의 사랑 하면 끝이 없는 무한한 것으로 주고 또 주고, 또 주고, 해도 끝이 안 나는 것입니다. 그러니까 하나님의 사랑은 무한한 것입니다.

주면 그걸로 끝나는 것이 아니라 돌아오고, 또 돌아오고 하기 때문에 언제나 생으로 나갈 수 있습니다. 하나님은 사랑을 주면 줄수록 더 풍부해지는 것입니다. 그래서 하나님은 한마디로 사랑이라는 것입니다. 무한을 가지고 살면 얼마든지 줄 수 있고 또 줄 뿐만 아니라 언제든지 새로워질 수 있고, 그 새로워지는 것이 즐거운 것입니다.

무한히 줄 수 있는 것을 기독교에서는 십자가라고 합니다. 십자가란 많이 사랑해서 무한히 줄 수 있다는 것입니다. 그리고 새롭게 할 수 있는 것을 우리는 생명이라고 합니다.

길 도道 하면 비유를 잘 하는 것이 물인데요, 물은 한없이 줄줄 흘러가는 것입니다. 흘러가지만 또 새롭게 다시 땅에서 솟는 것이에요. 흘러가는 것이 있고, 새롭게 다시 나는 것이 있고, 흘러가서 뭘 하나. 모든 만물을 살리는 역할을 합니다. 즉 남을 위해서 자기를 희생하는 것이지요. 이게 십자가입니다. 한없이 나오니까 얼마든지 줄 수 있는 것입니다. 그러니까 쉽다는 것이죠. 사랑이란 쉬운 것입니다. 어머니가 어린애를 사랑할 때 쉬운 것입니다. 사랑이란 것은 한없이 나오는 것입니다. 그래서 쉬운 것입니다. 왜? 어머니라는 것은 근원과 부딪쳐 있기 때문입니다.

그래서 사랑은 즐거운 것입니다. 어머니가 어린애를 기른다는 것은 즐거운 것이지 괴로운 것이 아닙니다. 믿음 하면 어머님을 보면 제일 잘 알 수 있어요. 물도 마찬가지입니다. 남을 위해 자기를 희생하고 사는 것, 남에게 한없이 주는 것을 십자가라 하고 다시 새롭게 나는 것을 부활이라 하는데 이 두 가지 내용밖에 복음은 없습니다. 무한을 가지고 살면 언제나 즐겁고 쉬운 것입니다.

무한을 가지고 사는 가장 가까운 예는 한국말입니다. 한국말 하는데 이렇게 쉬운 것이 어디 있습니까. 무슨 준비를 하지 않아도 얼마든지 그냥 할 수 있지 않습니까. 말이란 것을 할 때 괴로운 것이 아닙니다. 말을 할 때처럼 즐거운 것이 없어요. 신앙이란 것도 한국말처럼 무한한 것입니다. 말이 모자라서 말 못한다는 것은 없습니다. 한국말이라면 무한을 가지고 산다는 겁니다. 그러나 외국말은 단어에 제한이 있어서 하려면 막히곤 합니다. 한마디로 도를 말하면 언제나 통하고 즐거운 것이라고 할 수 있습니다.

옛날 사람들은 길의 핵심을 중정외직中正外直이라고 했습니다. 어떻게 살아야 인생에 믿음을 가지고 살 수 있는가. 언제나 도를 가지고 곧게 사는 것이 믿음을 가지고 사는 것이라고 할 수 있습니다. 그러므로 믿음의 핵심은 하나의 정직성正直性이겠지요. 역시 믿음이란 무엇에 통해야 믿음이지 무엇에 통하지 않으면 믿음이라 할 수 없습니다.

무한을 가지고 산다는 것은 막히는 것이 없고 걸리는 것이 없이 사는 것입니다. 나도 65세인데 일흔 가까이 인생이라는 것을 상당히 즐겁게 살았어요. 역시 쉽게 살기도 했구요. 나는 학교에서 철학을 가르치는데 복음을 알고 나니 철학은 복음의 그림자입니다. 복음을 알면 철학은 쉽게 알 수 있습니다. 별 준비를 하지 않아도 한 학기 동안 강의할 수 있어요.

그리고 학생들과 만나서 얘기하는 것이 즐거워요. 옛날에는 내게 맡겨진 시간을 초과해서 가르친 적도 있었어요. 왜냐하면 그게 즐거웠기 때문입니다. 내가 예수를 믿지 않았더라면 일생이 괴롭고 힘들었을 것입니다. 그러나 내가 예수를 믿었기에 일상 즐겁고 쉽게 살아가고 있습니다. 설교를 해도 어렵다고 생각지 않아요. 내가 할 만큼 하면 됐지, 뭐 어려울 게 있겠습니까. 잘하려고 해야 어렵지, 나는 잘할 생각 하나도 없습니다. 그래서 설교할 때는 쉽지, 어렵게 생각하지 않습니다.

여러분 얼굴을 볼 때마다 즐겁지 그 외에는 없습니다. 여러분은 내 얼굴 보면 괴롭습니까. 예배 본다고 하는 것은 즐거운 것이지 뭐 괴로운 것입니까. 설교하는 것이 쉽고 즐겁고, 예배 보는 것이 쉽고 즐겁다면 인생은 쉽고 즐거운 것이 아니겠습니까. 더없이 좋은 것도 없겠지요.

그러니 십자가란 말은 인생 사는 것이 쉽고, 부활이란 말은 인생 사는 것이 즐겁다는 말입니다. 왜 십자가가 쉬우냐 하면,

아무리 죽고 죽어도 하나님의 무한한 사랑이니까 얼마든지 죽을 수 있는 것입니다. 그래서 십자가입니다. 또 자꾸 얼마든지 살아날 수 있기에 부활이요 생명입니다. 이게 믿음의 두 가지 특징입니다.

무한을 가지고 산다는 것을 밖으로 말하면, 만약 하나님이 밖에 있다고 하면 무한과 내가 연결이 되는 것입니다. 만약 하나님이 안에 계시다고 하면 우리 속에 있는 무한이 밖으로 터져 나오는 것입니다. 결국 안에 있다거나 밖에 있다거나 하는 말은 같은 말입니다. 동양식으로 생각하면 안에 있다는 것이 더 쉬워요.

천국이 어디 있나. 하늘에 있다고 말해도 좋고, 내 안에 있다 해도 좋아요. 그래서 우리 속에 무한성이 있다는 것을 말하기 위해서 다음과 같은 짧은 글을 읽어 보겠습니다.

"이성은 형이하의 인식 능력이므로 이성은 유한하다는 것을 말합니다. 그게 형이상의 세계까지 지배할 권리는 없습니다. 형이상의 세계는 무한한 것입니다. 물 밖에 내놓을 수 있도록 허락된 것은 얼굴뿐이며 그걸 얼골이라는 말을 쓰는데, 얼의 골짜기요, 영적인 세계라는 겁니다. 영성靈性이요, 사람에게는 무한성이 있다는 겁니다. 즉 하나에서 아홉까지는 유한성이지만 영은 무한성이라는 것입니다. 아무리 돌아가도 끝이 없습니다. 우리 속에 영성이 있다는 것입니다. 하나님을 믿는다는 것은 결국 우리 영성과 하나님이 연결이 된다는 것입니다. 이성보다 더 높은 세계라는 것입니다."

칸트는 『순수이성비판』에서 이성보다 더 높은 세계를 영성이라고 했습니다. 다르게 말하면 종교의 세계가 철학의 세계보다 훨씬 더 높은 세계라는 것입니다. 종교의 아들이 철학이고, 철학의 아들이 과학입니다. 만약 철학이 눈이라면 종교는 귀라고 생각해요. 귀라는 것, 즉 청력은 굉장히 신비한 것입니다.

미국에서 몇 십 년을 살았다고 해도 말이 굉장히 서툰데 한두 살 먹은 애들이 말을 배울 때는 무슨 어려운 말들도 잘 합니다. 왜냐하면 어린애들은 영성이 발달해 있어요.

"감성과 이성과 오성은 물 아래 들어가야 하고, 영성만을 물 위에 내놓아야 한다. 머리를 뒤로 물속에 가만히 넣고, 손발을 물속에 펼치면 몇 시간이고 떠 있을 수 있다. 눈으로 태양을 쳐다보고 코로 대기를 마시면 영원한 세계에 도달할 수 있다. 사람과 하나님과의 올바른 관계를 가지는 것이다." 물 위를 가다 배가 엎어지면 바로 잡아야 해요. 기독교에서는 이것을 회개라고 하는데 회개하면 천국이 가까운 것이에요. 영원한 생명에 도달할 수 있어요. 인간이 물 위에 내놓을 수 있는 것은 얼굴뿐입니다. 사람은 자꾸 머리를 내놓으려고 합니다. 머리가 이성입니다.

신앙의 세계는 절대, 이성으로는 모르는 세계입니다. 즉 이성을 가지고 세계를 지배하려 하니 자연이 가만있을 리가 없습니다. 사람은 물에 빠져 들고, 인간은 공해로 숨을 쉴 수 없게 됩니다. 그래도 사람은 살아보겠다고 물을 밀고 자연을 자꾸 배척하지만 물은 밀면 밀수록 더 달려듭니다.

그건 물과 나 사이에 진공이 생기기 때문인데 사람은 이것을 허무주의라고 합니다. 인생의 허무가 밑 빠진 독처럼 엉켜들어 사방에서 물이 이 진공을 향하여 밀려들 때 사람은 마치 물귀신에 끌려들어 가는 것처럼 물속으로 끌려 들어갑니다. 향락주의에 빠져 정신을 잃고 물속에 들어가면 또 다시 올라옵니다. 머리에 찬 바람을 맞고 다시 눈을 떠보면 배전의 복수심을 갖고 물을 밀려고 발악을 합니다. 물에 몇 번 끌려가서는 아주 정신이 나가서 이성이 맥을 못 추고, 다시 떠올라 오면 얼굴은 물속에 처박아 놓고 엉덩이나 다른 부분이 손바닥만큼 떠올라 옵니다. 거기는 눈도 없고, 코도 없습니다. 인간의 진면목을 상실해 버린 채 인간은 시체가 되어 버립니다. 이것이 물질주의의 종착점입니다. 그래서 인간은 얼굴을 되찾아야 합니다.

이성보다 더 높은 인식 능력이 있음을 자각하고 그것을 되찾을 때만 인류는 되살아날 수 있습니다. 얼굴만 내민 인생은 빠져 죽지 않습니다. 모든 동물은 물에 빠져 죽지를 않는데 유독이 사람만이 빠져 죽어요. 사람이 제일 막힌 겁니다. 그걸 불교에서는 다른 동물보고는 부처라고 하고, 사람보고는 부처가 못

된 것이라고 합니다. 그래서 예수님께서 자꾸 회개하라 하신 겁니다. 그러니 믿음을 가진다는 것이 상당히 어려운 것입니다. 그런데 저는 쉽게 되었습니다. 왜냐하면 우리 아버지 어머니가 예수님을 사랑했기 때문에 어릴 때부터 교회를 다녔어요. 어떤 사람은 굉장히 어렵게 되는 사람도 있습니다.

내일 모레 5월 24일 오후 8시 45분에 감리교의 창시자인 요한 웨슬리가 회개한 시간인데 그는 어떻게 하여 그렇게 되었나 하면 오늘 읽은 로마서 1장 16절에서 17절을 읽는 소리를 듣고 그렇게 되었다는 겁니다. 그래서 이 로마서 1장 16절에서 17절이 웨슬리 성경절이에요. 그런데 웨슬리뿐만 아니라 루터도 이 절을 읽고 하나님의 세계를 이해하게 되었다는 겁니다. 그래서 이게 유명한 구절이 되었습니다.

루터가 언제나 소원이 뭔가 하면 로마에 한번 가보는 것이었습니다. 그래서 베드로 성당에 갔습니다. 그곳에는 높은 계단이 있는데 전설에 의하면 옛날 예수님께서 십자가를 지고 올라갈 때 쓰던 돌멩이를 하나 갖다 놓았답니다. 십자가를 지고 올라갔던 것을 상징하기 위해 보통 사람들은 무릎을 꿇고 올라간답니다. 그래서 루터도 역시 마찬가지로 올라가는데 갑자기 로마서 1장 16절, 17절이 들려 왔어요. 옛날 성경에, 이 복음에는 하나님의 의가 나타나 "믿음으로 믿음에 이르게 하나니라" 하는 게 갑자기 들려 왔어요. 루터의 마음속에 믿음이란 무한을 가지고 사는 것이라 하는 것을 깨달았던 것입니다. 다르게 말하면 하나님과 자기가 연결되었던 것입니다. 그 순간에 루터가 하나님을 이해하여 회개한 것입니다. 루터는 종교개혁을 할 수 있는 위대한 존재가 됩니다.

그는 종교개혁을 억지로 한 것이 아니라 쉽게 한 것입니다. 역시 괴롭게 한 것이 아니라 즐겁게 한 것입니다. 믿음으로 사는 것이 하도 즐거운 것이니까 이게 쉽게 되는 것이지 억지로 되는 것은 아닙니다. 사람은 행으로 사는 것이 아니라 믿음으로 사는 겁니다. 행의 세계는 괴로운 세계입니다. 이건 역시 어려운 세계입니다. 계단을 올라가는데도 그저 얼마나 어렵습니까. 엎드려서 올라가려면 무릎도 자꾸 벗겨지고 가톨릭에서는 이걸 자꾸 강조하는데 그게 아닙니다. 믿음은 무한을 가지고 사는 것으로 쉽고 즐거운 것인데 그런 것이 아닙니다. 여기에 루터의 눈이 뜨게 된 것입니다. 하나님의 힘을 가지고 사는 것이구나! 하나님과 올바른 관계를 가지고 사는 거구나! 그렇게 확 뒤집힐 때 루터는 위대한 루터가 된 것입니다.

또 웨슬리도 올더스게이트라는 예배당에 3일 저녁 갔다가 루터의 설명을 듣고 뒤집혔다는 말입니다. 보통 말하기를 요한 웨슬리의 가슴이 뜨거워졌다 하는 것입니다. 가슴이 뜨거워졌다는 것은 무한한 세계와 연결이 됐다는 것입니다. 동양식으로 말하면 도에 통한 것입니다. 요즘 말로 하면 진리를 깨달은 것입니다. 여하튼 하나님의 세계와 인간의 세계가 통한 것입니다. 그래서 자기 속에서 무한한 힘이 솟아나오는 것입니다. 요한 웨슬리는 설교를 4만 번을 했습니다. 여러분이 들을 때는 엄청나다 하겠지만 요한 웨슬리는 굉장히 즐거워서 했습니다. 결국 요한 웨슬리의 삶에 하나님의 힘이 들어가서 요한 웨슬리의 삶은 아주 쉽게, 즐겁게 된 것입니다. 그는 88살까지나 오래 살았는데 마지막에 유언할 것이 있느냐고 물으니까 그는 유언할 게 뭐 있느냐. 하나님이 나와 항상 같이 계시는데, 하나님이 같이 계시다 하는 말은 바로 임마누엘이며, 그런 하나님과 나하고 올바른 관계를 가진다는 것이며, 무한을 가지고 산다는 것을 가리킵니다.

하나님이 나하고 같이 있는데 죽으면 어떻고, 살면 어떠냐. 죽으면 또 살아날 수 있을 테고, 살면 또 남에게 말해 줄 수 있을 테니 아무렇게나 해도 좋다. 나중에는 말할 기운조차 없어졌을 때 누군가 또 묻기를 그래도 유언하실 것은 없습니까 하니, 연필을 달라고 하더니 "하나님은 나와 같이 계신다" 그러더래요. 죽는 순간에도 그는 역시 하나님은 나와 같이 계신다, 그러고는 죽었습니다.

요한 웨슬리의 생애는 믿는 생애입니다. 누구나 다 하나님과 하나가 되면 인생을 사는 것이 즐거운 것입니다. 그런데 여러분 가운데 아직도 난 믿음을 못 얻었다 하는 사람이 많을 거예요.

믿음 47

그러나 다른 길이 있는 게 아니라 교회 다니는 길밖에 없습니다. 그리하여 기도하고 찬송하고 성경보고 설교 듣다가 하다 보면 언젠가는 믿음을 가질 때가 있을 거예요. 요한 웨슬리도 그것밖에 한 일이 없어요. 나 역시 그것밖에 한 일이 없는데도 어느 땐가 믿음이 와서 갖게 되었습니다. 즉 그런 일을 하다 보면 자꾸 우리의 속이 커져요. 그걸 성숙이라고 하는데 믿음이 자꾸 성숙하는 것이에요.

로마서 1장 16~17절을 보면 "믿음으로 믿음에 이르게 하나니" 자꾸 믿음이 성숙해집니다. 처음에는 찬송을 부를 때도 손뼉을 치고 불러야 부른 것 같은데 이제는 그냥 불러도 괜찮아요. 믿음이 성숙한 겁니다. 맨 처음에는 책상을 치고 기도해야 기도하는 것 같은데 이젠 가만히 한마디만 해도 기도한 것 같습니다. 우리의 신앙이 자꾸 성숙해지는 것입니다. 뭐 평범한 예에서 진리를 깨닫게 된 것입니다. 진리라는 것은 별것 아닙니다. 물에 들어갈 때 머리를 딱 집어넣고 들어가면 저절로 물에 뜨게 되는 것입니다. 물의 품에 안긴다고 합니다. 하나님의 품에 안기는 거죠. 아기가 어머니 품에 안길 때도 엉덩이부터 안깁니다. 그게 훨씬 나은가 봅니다. 그게 신앙입니다.

동양식으로 말하면 귀의歸依라고 합니다. 이성적으로 따지는 것이 아닙니다. 그대로 하나님 품속으로 싹 들어가는 것입니다. '왜'라는 것이 없습니다. 찬송 부르면 내가 왜 불러야 되나 하는 게 없습니다. 밥은 왜 먹어야 되나. 그저 먹어야 되는 겁니다. 왜 잠을 자야만 하나. 왜? 왜? 묻는 게 아닙니다. 그저 자는 겁니다. 그저의 세계, 따지지 않는 세계가 신비의 세계입니다. 역시 사랑의 세계이고, 믿음의 세계입니다. 그저 그냥 교회에 오면 찬송도 저절로 불러지고, 성경도 알아지고, 설교도 알아듣게 되고, 기도도 하게 되고, 저절로 알아지게 되면 결국은 진리를 깨닫게 되는 것입니다. 생명이 무언지도 알게 됩니다. 도가 무언지고 통하게 됩니다. 다 저절로 됩니다. 난 일생 그렇게 사는 사람입니다.

어떤 학생이 한번은 대학교회에 나오지 않겠다고 그래요. 손뼉 치는 것도 있고 그래야 되는데 여긴 너무 맹맹하여 재미가 없답니다. 그래서 그러면 손뼉도 치는 곳으로 가봐라 그랬어요. 그 학생 말로 설교도 강의하는 것인지 설교하는 것인지 모르겠답니다. 그러나 사실 대학교회라는 게 성숙한 교회입니다. 여기 오시는 분들이 대개 성숙한 분들이죠. 그래서 대개 진리가 뭔지, 믿음이 뭔지 대개 짐작을 하는 분들이죠. 그건 뭐 다른 게 아니라 대개 살아보면 믿음을 사는 건지, 안 사는 건지 알 수 있는 것입니다. 내가 여러분을 보면 믿음이 있는지 없는지 알 수 있어요. 여러분도 나를 보면 믿음이 있는지 없는지 알 수 있을 겁니다. 말 안 해도 다 압니다. 이게 신비의 세계입니다. 이게 사랑의 세계입니다. 나는 당신을 사랑합니다. 내 아내가 말

안 해도 나는 그녀가 나를 사랑하는 줄 압니다. 말없이 그저 저절로 되는 세계가 신앙의 세계입니다. 믿음의 세계란 그저 즐거운 겁니다. 무슨 까닭이 있어서 기쁘고 즐거운 것이 아닙니다.

여러분, 내가 설교할 때 너무 쉽게 한다고 생각하실 거예요. 그러나 이게 쉽지만 그래도 설교입니다. 어렵게만 하면 오히려 답답해요. 쉽게, 즐겁게 하루하루 살아가는 것, 이게 신앙입니다. 그렇게 되려면 통해야 됩니다.

죄
1983년 5월 29일

로마서 1:18~32
 인간은 온갖 부정과 부패와 탐욕과 악독으로 가득 차 있으며, 시기와 살의와 분쟁과 사기와 악의에 싸여서 없는 말을 지어내고, 서로 헐뜯고 하나님의 미움을 사고 난폭하고 거만하여 제 자랑만 하고, 악한 일을 꾀하고 부모를 거역할 뿐더러 분별력도 신의도 온정도 자비도 없습니다.

 오늘은 〈죄〉라는 제목입니다. 저는 인간이 자기의 존엄성을 상실한 것을 '죄'라고 생각합니다. 주보에 보면 이렇게 적혀 있습니다.

 내가, 내가 되면 ― 내가, 내가 된다는 것은 인간의 존엄성을 가진다는 것입니다 ― 사람은 아무 문제가 없다. 인간의 모든 문제는 자기를 다른 사람과 비교하는 데서 일어난다. 자기가 자기일 때 자기는 절대다. 다만 자기를 다른 사람과 비교하게 될 때 상대에 떨어지고 만다. 절대가 되면 괜찮은데 상대가 되면 문제다. 죄라는 것은 상대에 떨어지는 인생, 그것이 죄라고 생각하는 것이다.

인간이 타락했다는 말이나 에덴동산에서 쫓겨났다는 말은 다 같은 말이다. 인간이 자기를 남과 비교하지 않게 되면 다 된 사람이다. 인격의 완성이란 성경의 말씀처럼 "하나님이 온전한 것처럼 너희도 온전하라"이다. 그건 결국 자기를 다른 사람과 비교하지 않게 될 때 자기가 온전하게 될 것이다. 자기의 절대성을 발견했기 때문이다. 이런 사람을 성인이라고도 하고, 하나님의 아들이라고도 한다.

사람은 본래 모두 하나님의 아들이요 성인임에 틀림이 없다. 그런 의미에서 인간은 독생자요, 천상천하天上天下의 유아독존唯我獨尊이다. 그런데 언제부터 인간은 자기의 존엄성을 상실하고 서로 만나면 개자식이니, 개새끼니 동물 이하로 떨어지고 말았을까. 현대의 인간은 자연의 위대함을 인정하고, 원자력의 어마어마한 힘을 시인한다. 로켓을 찬양하고, 고속도로를 구가한다. 우주선을 만들어 달에 보내고, 시험관 속에서 생명까지도 살려내려고 한다. 그러면서 인간은 도처에서 자기 잘난 맛을 잃고 말았다. 자기 잘난 맛을 잃었다는 것이 바로 죄이다.

인생은 자기를 쓰레기처럼 포기하고, 인생은 자기의 가치를 흙덩이처럼 무시한다. 인생은 허무하다고 한다. 자기는 못났다고 한다.

인간은 왜 이렇게 저 잘난 맛을 잃어 버렸을까. 인간이 인간됨을 포기하고 있다는 것이 죄다. 인간의 자기됨이란 무엇일까. 그런 인간은 생각하는 존재라는 것이다. 인간은 생각을 통하여 원자력보다 더 위대한 정신력을 찾아내야 한다. 인간은 정신력을 가질 때만 살맛이 있을 것이다.

인간의 죄라는 것이 무엇인가. 인간이 자기의 존엄성, 독자성, 절대성을 잃게 되었을 때 죄인이 되고 만다는 것입니다. 한자로 죄罪는 그물 망에 덮어씌운 것인데, 죄인이라는 것은 감옥에 가두고 법망에 걸려드는 것입니다. 그래서 꼼짝 못하는 부자유가 되는 겁니다. 우리말로 죄다, 죄인다, 목 죄인다 하는 말로 생각합니다. 죄다, 죄다, 죄다라는 것이 전체라는 뜻도 있어요. 법망에 걸렸으니까 전체의 일부가 되고 마는 거지요. 전체가 죄다. 자꾸 목을 죄는 것처럼 조이는 것이 죄이지요.

장자莊子에 길바닥에 물이 고여 있는데 그곳에 물고기가 놀고 있습니다. 햇빛이 나서 물이 자꾸 말라가면 물고기들이 죄여 드는데 그것이 인생이라는 것입니다.

죄라는 글자는 그물 속의 고기처럼 그물을 빠져 나가려고 이리 뛰고 저리 뛰고 하는 것을 아니 비非자로 쓴 글인 것이지요. 그물 망 밑에 아니 비非 자가 죄罪라는 자입니다. 그물에 걸려서 이쪽으로 가려고 해도 안 되고, 저쪽으로 가려고 해도 안 되

죄 53

는 것을 말합니다. 서로 어긋나는 것입니다. 이렇게도 안 되고, 저렇게도 안 되고, 모순되는 상태입니다. 뭔가 자기의 정신통일이 안 되는 세계를 죄라고 합니다.

죄란 무엇인가를 기독교적으로 말하면 하나님을 못 가진 상태를 죄라고 합니다. 즉 하나님과 인연이 끊어진 세계를 말합니다. 하나님과 인연이 끊어지면 인간의 존엄성이 그만 없어지고 마는 것입니다. 우리가 예수를 믿는다 하는 것은 무엇이냐 하면, 우리가 예수의 존엄성을 우리 것으로 삼는 것이 예수를 믿는다는 것입니다. 그래서 우리가 예수를 못 믿는다든가, 하나님을 못 믿는다고 하는 것은 존엄성을 상실하고 만다는 것입니다.

오늘은 죄의 문제로 들어가는데 요전번에 제가 믿음이란 무한을 가지고 사는 것이고, 하나님을 가지고 사는 것이라고 했는데, 오늘의 죄는 반대로 하나님을 놓치고 사는 것이고, 하나님을 믿지 않고 사는 것이며, 유한 속에서 사는 것입니다. 여기의 유한은, 즉 그물로서 그물 속에 사는 것이지요.

로마서 1장 18절 맨 처음에 뭐가 나오는가 하면 이방인의 죄의 모습이 나옵니다. 2장에서는 유태사람들의 죄의 모습을 그렸습니다. 그 당시의 대표적인 이방사람들은 로마사람들이었습니다. 그 이방인들에게 맨 처음에 하는 말이 "하나님의 진노가 임할 것이다." 우리 식으로 말하면 벼락 맞는다는 그 소리지요. 그것을 맨 처음 말하고, 그다음에 두 가지 이유를 말했습니다.

너희들의 종교가 썩었다, 즉 얼이 썩었다. 종교가 썩었다는 것은 결국 그 나라의 정신이 썩었다는 것입니다. 그러니까 그 나라의 종교가 살아 있으면 그 나라의 정신은 살아있는 것이고, 그 나라의 종교가 죽었으면 그 나라의 정신은 죽은 것입니다. 이렇게 종교는 참 중요한 것입니다.

유태 나라에서 계속 선지자들이, 예언자들이 나온다는 것은 참 중요한 것입니다. 왜? 그 사람들의 정신이 살아있기 때문에 그것이 산 것의 표적이 아닙니까. 얼이 썩었다. 지적으로 표현하면 어리석다, 조금 더 다르게 말하면 어리다, 유치하다는 말입니다. 그래서 성숙하지 못해서 죄입니다.

하여튼 바울은 맨 처음에 "너희 종교가 썩었다" 그것을 지적합니다. 바울이 왜 로마에 가려고 하느냐 하면 "내가 썩지 않은 종교를 너희에게 주려고 하기 때문이다. 그리고 또 하나의 죄는 너희 얼이 썩어서 너희 윤리, 도덕이 타락한 것이다. 즉 종교라는 게 썩어 놓으면 도덕성이 타락하고 풍속이 타락하고 만다."

그리하여 바울이 로마인에게 지적하는 것은 두 가지, 종교와 도덕이 부패했다는 것입니다. 성경에서는 불경, 불의라는 말로 썼어요. 불경은 종교가 부패했고, 불의는 도덕이 타락했다는 것을 가리키는 것입니다. 이 두 가지가 너희들의 죄다. 다시 말하면 도덕적인 타락, 종교적인 부패, 정신이 썩었고, 정신만 썩은 게 아니라 몸까지도 썩었다. 종교는 정신적인 문제이고, 도덕은 행동지침으로서 육체적인 문제입니다. 정신과 육체 모두가 썩었다. 몸이 썩었다는 것을 요즘 말로 말하면 성적인 타락에 빠졌다는 것입니다. 여러분은 성경이 거룩한 글인 줄 알았더니 뭐 이런 게 다 쓰여 있나, 그렇게 말하겠지만 성경에는 망측한 것이라 했는데, 정말 망측한 기사가 나옵니다. 그게 바로 성적인 타락입니다.

여러분이 다 아시겠지만 그 당시의 로마가 얼마나 성적인 타락에 빠졌는지 너무나 잘 알 겁니다. 베스비어스 화산이 바울 선생이 이 편지를 쓰고서 얼마 있다가 터졌습니다. 이 화산이 터져서 폼페이가 땅에 묻히고 말았어요. 그런데 요즘 역사가들이 그것을 파헤쳐 보고, 그 벽화나 기타의 것들을 요새 사람들에게 보여 주면 안 되겠다고 다시 파묻어 두어야겠다고 했답니다. 그만큼 로마사람들이 타락해 있었습니다.

바울은 왜 너희들이 도덕적으로 타락했는가 하면 너희 종교가 썩었기 때문이라고 하였습니다. 이 사람들의 종교가 무엇인가 하면 우상 숭배라는 겁니다. 우상 숭배인데 그다음을 읽어 보면 자연 숭배입니다. 둘 다 마찬가지입니다.

그러면 그 당시의 우상 숭배란 무엇인가. 희랍시대로 말하면 제우스니 아폴로니 등등 가져다 놓고 밤낮 절만 하는 신 천지에요. 어느 신은 아들을 낳게 해 주고, 어느 신은 재산을 모우게 해 준다느니 하는데 그것들이 소위 자연신이라는 겁니다. 우리말로 하면 기복祈福사상이라는 것이죠. 그 여러 신 중에서 바커스(Bacchus)신이 있습니다. 포도가 풍부하게 해 달라는 신입니다. 결국 잘 살게 해 달라는 것이지요. 그것을 위하여 제물을 바칩니다. 돼지나 소 등등 바쳐진 그 제물로 파티를 여는 것입니다. 그래서 바커스 신이 술의 신이 아닙니까. 그리하여 술을 마시고, 고기도 잘 굽지 않은 채 날 것으로 먹고, 남녀가 어울려서 춤을 추는 것이지요. 그렇게 해서 쌍쌍파티를 하고 결국은 음란 상태에 빠지게 되는 겁니다.

그 결과 바울은 그럽니다. "하나님께서 막지 않고 내버려 두었다." 그게 하나님의 벌이고 하나님의 진노입니다. 그러나 갈수록 더 심해져서 그 결과 로마의 젊은이들이 다시는 전쟁을 할 수 없게끔 성병에 걸렸다는 것입니다.

언젠가 뉴스에 보니까 미국 인구의 거의 40%인가가 무슨 성병에 걸렸다고 합니다. 미국에 가면 그 곳의 크리스천들이 로마의 되풀이인가 하는 말을 자주 해요. 요전에 보니까 남창男娼이라는 것도 있습니다. 그런 게 바로 소돔과 고모라라는 것입니다. 로마 전체가 소돔 고모라가 되고 만 겁니다. 그래서 자기 힘으로 나라를 막을 수가 없으니까 외국 힘으로 막아 달라고 하는데 그게 됩니까, 그냥 뒤집어 엎지. 그게 하나님의 진노입니다. 역사적으로 말하면 그런 겁니다.

강한 나라들은 외인外人에 의해서가 아니라 내부에서 스스로 망합니다. 미국 같은 것도 밖에서 와서 망하는 게 아니라 속으로 어쩔 수 없이 망하게 되는 겁니다. 사람의 음란이란 것은 본래는 사람의 생식 능력에 속한 것 아닙니까. 세상에 소중하다면 그렇게 소중한 게 없습니다. 종족 본능 아닙니까. 사람은 이 본능을 꼭 본능에만, 생식에만 써야 합니다.

그러나 사람은 이 본능을 넘어섭니다. 다르게 말하면 본능을 상실하고 만 것입니다. 이런 면에서 사람은 동물보다 못한 겁니다. 아마 에덴동산의 타락이라는 것도 그것입니다. 한 번 깨지기 시작하면 한없이 번져 나갑니다. 로마인들도 미국인들도 문명인이지만 속의 정신이 썩어 들어가면 어쩔 수 없는 것입니다. 그게 무서운 겁니다.

죄라는 것은 바로 정신이 썩어 들어가는 겁니다. 그런데 그 모든 죄를 고쳐줄 수 있는 게 종교뿐인데, 그 새로운 정신을 불어 넣을 수 있는 게 종교인데, 로마의 종교는 그 새로움을 불어 넣기는커녕 그 썩어진 것을 더 썩게 만들었습니다. 다시 말해서 바커스 종교라는 것이지요. 그러니까 이런 종교를 가지고야 일이 되겠느냐. 너희가 우상 숭배, 자연 숭배, 더 극단적으로 성性의 숭배로 가서 되겠느냐.

불교가 인도에서 쫓겨 나온 까닭은 불교가 타락해서 성의 숭배가 된 적이 있습니다. 견성성불見性成佛하는 성을 그냥 남녀의 성으로만 알았던 까닭에 인도에서 불교가 쫓겨나고 맙니다.

그리고 간 곳이 티베트입니다. 그곳에서도 불교는 타락하여 성 숭배가 된 적이 있습니다. 그 종교가 몽고로 가서 몽고족 중에는 성병에 걸리지 않은 자가 없었다고 합니다. 그래서 징기스칸의 족속들이 몽땅 망하고 말았어요.

그런데 종교와 성이 연결되면 무섭습니다. 민족 전체가 전멸하고 마는 겁니다. 결국 로마의 종교와 성이 결부되어 망하고 만 것입니다. 종교는 자칫하면 그렇게 되기가 쉽습니다.

종교는 자칫하면 신비주의에 떨어지고 맙니다. 신비주의라는 게 무서운 겁니다. 샤머니즘 속에는 성적인 윤리가 없습니다. 우리 교회들 중에서도 심령부흥회니 어쩌니 하지만 성적인 문제로 떨어져 나온 사람이 많습니다. 내가 아는 유명한 감리교 부흥 목사님이 계셨는데 그 사람이 처음에는 굉장히 잘하더니 신비주의로 빠지고, 결국에는 성적으로 타락하여 그 사람은 교계敎界에서도 탈락되고 말았습니다. 이게 무서운 겁니다.

로마의 종교는 하나의 신비주의입니다. 바커스라고 했는데 더 위로 올라가면 오르페우스라는 게 있고, 그게 신비주의라는 겁니다. 신비주의가 되기 시작하면 나중에는 윤리적인 분별을 못합니다. 그래서 신전마다 신창神娼이라는 창녀들이 생기기 시작합니다. "너희 로마인들이 잘 살기 위해서는 그것 가지고, 우상 숭배 가지고는 절대 안 된다" 그겁니다. 그러다가 "너희가 너희의 우상을 깨뜨리고 다시 정말 하나님을 믿어야 된다" 이

겁니다.

기독교가 좋다는 게 무엇입니까. 가정家庭 하면 일부일처입니다. 기독교 사상의 핵심이 무엇인가. 순결입니다. 예수님의 말씀에 의하면 여인을 보고 음욕을 품으면 벌써 간음했다고 할 만큼 기독교의 성적인 도덕이 높습니다. 그래서 나는 세계에서 가장 성적인 도덕이 높은 종교가 기독교라고 생각합니다.

루터 같은 사람은 정신이 깨끗해야지 옷이 깨끗하기만 하면 되느냐. 그리하여 믿음으로 구원을 얻는다고 외친 것입니다. 그리스도의 정신을 우리의 정신으로 받자는 것입니다. 그리하여 가정도 깨끗하게, 개인도 깨끗하게, 국가도 깨끗하게, 전체가 깨끗하여 음란이라는 더러운 연못에 빠지지 말자는 것입니다.

우리는 에로스라고 하는 것과 아가페라고 하는 것을 확실히 구별할 줄 알아야 됩니다. 그런데 그게 통 구별이 안 됩니다. 그걸 착각하는 때가 많습니다. 기독교의 사랑은 절대로 에로스를 말하는 것이 아니고 아가페를 말하는 것입니다. 즉 하나님과 우리와의 사랑이지 남녀의 사랑이 아닙니다.

갈라디아서 5장을 보면 성령의 열매, 악마의 열매, 둘 다 나오는데, 악마의 열매 맨 처음에 나오는 것이 음란, 추행, 방탕입니다. 성령의 열매는 사랑, 기쁨, 평화입니다. 그러니까 바울의 머리속에는 음행과 사랑이 절대 다른 것입니다. 기독교의 사랑이라 하면 한없이 깨끗한 하나님의 사랑인 것이고, 음행 하면 무한히 더러운 것입니다. 우리가 사랑이라는 말을 많이 쓰는데 그게 혼동이 옵니다.

교회에서 가장 중요한 것은 남녀의 문제인데 이걸 어떻게 해결해 가느냐, 이게 어렵습니다. 역시 인생에서 남녀의 문제처럼 어려운 것은 없습니다. 음행과 사랑을 자꾸 혼동하고 있는 것입니다. 나는 당신을 사랑합니다 하면 꼭 음행이 끼어야 사랑하는 줄 알지만 음행과 사랑이 다른 것이라는 것을 분간할 줄 아는 것을 우리는 이성理性과 양심良心이라고 합니다.

로마서에 보면 "너희의 정신이 썩고 있는데 그건 하나님이 너희에게 준 이성과 양심이 마비되었기 때문이다. 그래서 너희는 새롭게 이성과 양심을 불러일으켜야 한다"고 말합니다.

나는 기독교에서 이성과 양심을 빼버리면 기독교는 없다고 생각합니다. 기독교는 이성이 날카로워야 됩니다. 하나님을 믿는다는 게 뭔가. 이성이 날카로워져야 한다는 것입니다. 역시 양심이 날카로워져야 한다는 것입니다. 그러니까 이성과 양심을 버리면 기독교는 없습니다. 우리의 신앙생활을 통해서 자꾸 발달하는 것은 이성과 양심입니다. 만약 이성이 깨어나지 않으면 미신이고, 만약 양심이 살아나지 않으면 하나의 독단입니다.

우리가 신앙생활을 감사하게 생각하는 것은 이성이 깨어나서 아가페가 무엇인지, 에로스가 무엇인지 정말 깨닫게 해 주는 것입니다. 그리하여 내가 너희에게 가서 너희의 그 무딘 이성과 양심을 다시 살려주고 싶다. 그걸 살려주는 것이 예수 그리스도입니다. 예수 그리스도란 이성과 양심이 최대한 발달된 사람입니다. 그래서 내가 너희에게 예수 그리스도를 전하려고 하지 않느냐, 그런 말들입니다. 이게 로마서의 바울 말입니다.

    너희의 이성과 양심을 살리자는 것이 예수 그리스도를 전한다는 것입니다. 예수 그리스도란 이성과 양심입니다. 이성과 양심을 빼면 예수 그리스도는 없습니다. 예수 그리스도 없는 것을 죄라고 합니다. 로마에는 이성과 양심이 없습니다. 그것이 로마인의 죄입니다.

교 만
1983년 6월 5일

로마서 2:1~29

자기가 유태인이라는 것을 내세우는 사람이 있습니다. 그는 율법에 전적으로 의지하고 하나님을 자랑하고, 무식한 사람에게 지도자가 되고 철없는 자들의 스승이 될 수 있다고 자신합니다. 율법을 가졌다고 자랑하는 사람이 왜 율법을 범하여 하나님을 욕되게 합니까.

로마서 1장 18절에서 32절은 이방사람들의 죄, 2장은 유태인들의 죄, 3장 1절에서 20절까지는 인류의 죄, 이렇게 바울 선생은 죄를 세 가지로 나누어서 말하였습니다.

요전에 로마서 1장 18절부터 32절의 죄에서는 그 당시 이방사람들을 대표하는 로마사람들의 죄, 즉 우상 숭배를 알아보았는데, 그 우상 숭배는 음란이라고 하였습니다. 유태사람들의 죄는 교만입니다. 그래서 오늘 제목은 〈교만〉입니다.

우리가 주일학교에 다닐 때, 죄는 교만 속에서 나온다는 소리를 많이 들었습니다. 그런데 왜 유태사람들은 교만해졌는가 하면 유태사람들의 속에는 우리와 다른 특별한 의식을 가지고 있습니다. 선민의식입니다. 선택을 받은 백성이라는 것입니다. 누구로부터? 하나님에게로부터 선택을 받은 특별한 백성이라는 것입니다.

그래서 유태사람들은 외국 사람들과 절대 결혼하지 않습니다. 만약 결혼하는 사람이 있으면 유태 사회에서 내보냅니다. 그런 것이 독특하지요. 난 그 사람들을 잘 모르지만 성경에 보면 유태사람들은 그 부근의 사람들을 개라고 합니다. 예를 들면 사마리아 사람을 개라고 했으며, 페니키아 사람들이 예수님께 자기의 병을 고쳐 달라고 할 때 "주인의 밥상에서 떨어진 부스러기를 개도 먹지 않습니까" 한 것을 보아 그들이 자기를 개라고 하는 것은 유태사람들이 자기들을 개라고 하기 때문입니다.

유태인들뿐만 아니라 우리도 북쪽에는 오랑캐니, 남쪽에는 야만인이니 하면서 저 잘났다고 하지 않습니까. 따져보면 사실 잘난 게 하나도 없으면서 서로 잘났다고 합니다. 그런데 유태민족 중에서 하나님에게 뽑힌 사람이 많았습니다. 모세, 아브라함, 그밖에 예언자들, 이사야, 엘리아, 아모스, 심지어 나중에는 예수 그리스도까지, 왕 가운데서 다윗, 솔로몬, 제사장 가운데 사무엘, 쟁쟁한 사람들이 많지 않습니까.

또 요새 유태사람들 가운데 아인슈타인, 마르크스, 프로이트, 비트겐시타인, 부버 등 똑똑한 사람들이 참 많았습니다. 그런데 교만은 바로 똑똑한 사람들이 가지기 쉽습니다. 똑똑하다 하는 것은 하나의 고독해지는 것 아니겠어요? 물론 똑똑한 게 절대 잘못이 아닙니다. 다만 똑똑한 사람들이 독선에 빠지는 수가 많기 때문입니다. 똑똑한 사람 가운데 작은 사람, 막힌 사람들이 많지 않습니까. 교만이란 막혀서 나오는 것이지 절대 통해서 나오는 것은 아닙니다. 그래서 옛 속담에 "똑똑한 고양이 밤눈 어둡다"고 하지 않았습니까. 교만에 빠지고 마는 것입니다.

유태사람 가운데 돈 많은 사람이 좀 많습니까. 나는 그 방면에 대해서 잘 모르지만 미국의 포드 자동차 사장이나 영국의 로드차일드가 유태사람이라는 것을 들었어요. 그런데 로드차일드라는 사람의 1년 수입이 영국 정부의 1년 경상비와 같답니다. 예술가 가운데도 루빈스타인과 같이 유태사람들이 많습니다. 그렇게 보면 유태사람들 중 똑똑한 사람이 많은 것은 분명한 사실이죠. 그런데 사실 지금 똑똑한 게 아무 잘못도 없다는 것을 말했는데 문제는 교만에 빠지는 것입니다.

내가 똑똑하다, 내가 잘났다, 내가 잘났다는 것까지는 좋은데 내가 잘났다고 해서 꼭 다른 사람을 무시하면 안 됩니다. 깔보고 마는 거죠. 그것이 교만이라는 것의 잘못입니다. 사람들을 무시하다가 나중에는 착취까지 하기 시작합니다. 여러분, 샤일

록이라는 사람을 알지 않습니까. 돈 때문에 살을 떼겠다는 그런 사람입니다. 샤일록은 지독한 사람이지요. 그렇게 유태사람들 지독하게 돈을 모은다고 합니다. 요새 한국 사람도 미국에 가서 유태사람 뒤를 쫓아다닌다는 말이 있어요. 얼마나 지독하게 돈을 버는지 그만큼 한국사람도 똑똑하다고 할 수도 있겠지요.

그런데 그 똑똑한 사람들에게 잘못이 일어납니다. 똑똑하기 때문에 가지고 있는 의식, 그게 잘못된 겁니다. 나는 잘났다. 너보다 더 낫다. 너는 못났다. 너는 바보다. 난 너를 짓밟아도 괜찮다. 그런 식으로 뽐내고 착취하게 되면 참 안 되겠죠. 그런데 내가 왜 막혔다고 하느냐 하면 그 사람들은 하나님께서 왜 그들을 뽑아주셨나. 왜 유태사람들을 특별히 뽑아주셨나 하는 것을 생각해 보지 않았다는 것입니다. 하나님께서 뽐내라고 뽑은 것은 절대 아니겠지요. 뽐내라고 뽑은 것이 아니라 겸손하게 못난 사람들을 밝게 해주고 못한 사람들을 도와주라고 뽑은 거지요.

하나님께서 왜 아브라함을 뽑았는가. 아브라함을 통해서 인류를 구원해 주기 위해서지요. 아브라함을 통해서 인류를 교화하기 위해서입니다. 예언자를, 왕을, 제사장을 통해서 인류를 구원하기 위해서 뽑은 것이지요. 인류를 착취하기 위해서, 인류를 짓밟기 위해서 뽑은 것이 아닐 것입니다. 그것을 알아야 합니다. 그것을 생각 못한다는 것이 막힌 겁니다.

왜 인간은 똑똑한가. 여기 우리 대학교회에 나오는 사람은 다 똑똑하다고 할 수 있습니다. 그럼 왜 하나님께서 우리가 똑똑하도록 특별히 사랑해 주시나. 내가 잘나서 그런 게 아니지요. 우리를 이렇게 똑똑하게 해 주시는 것은 우리보다 똑똑하지 못한 사람들을 똑똑하게 만들어 주라고 그렇게 하신 것이지, 똑똑치 못한 사람을 짓밟으라고 그러신 것이 아닙니다. 이것을 가장 소중하게 알아야 되는 것입니다.

유태사람들은 자기들이 다른 사람과 다르다는 것을 단적으로 표시하는 말로 '바리새'라는 말이 있습니다. 바리새라는 것은 저것하고 나하고 갈라놓았다는 그 말입니다. 갈라놓아서 나는 아주 특권계급에 속하고, 너는 아무것도 아니다. 또 나는 깨끗하고, 너는 더럽다. 너희들은 다 더러운 개들이다. 이것이 바리새교인들입니다. 그래서 예수님이 제일 욕한 것은 바리새의 특권계급입니다. 특권까지는 좋으나 특권의식을 가지고 남을 멸시하는 사람들이 있습니다. 마태복음 23장을 읽어보면 계속 이런 말이 나옵니다. "너희는 너희들만 지옥에 가는 것이 아니라 다른 사람들까지도 전부 지옥으로 몰고 가는구나."

누가복음 18장에 보면 바리새인이 옆에 세리가 앉아 있는 것을 보고 "하나님, 내가 세리가 안 된 것을 감사합니다"하고 기도합니다. 우리 교회에서도 가끔 기도하는 것을 보면 "저 밖에 있는 불쌍한 죄인을 하나님께서 용서하여 주십시오"하면서 저희는 죄인이 아닌 것처럼 생각합니다. 우리 예수 믿는 사람들이 만일 그런 식으로 생각하면 바리새인들과 다를 것이 하나도 없습니다.

나는 무엇도 하고, 무엇도 하고, 이것은 자기기만입니다. 속은 아주 썩었고, 껍데기만 번지르르한 이 독사의 자식들아, 하면서 예수님께서 그들을 욕하는 것이 지독합니다. 그건 유태사람 전체에 대한 욕인 것입니다. 유태사람들뿐만 아니라 모든 특권의식을 가진 사람들을 향한 욕입니다.

부자가 되라고 하는 것은 가난한 사람을 착취하라고 부자가 된 게 아닙니다. 공장을 만들어서 가난한 사람들에게 일자리도 주고, 그리하여 이윤이 많이 나면 가난한 사람들에게도 나눠 주고 그렇게 해서 다 살리라고 부자가 되는 거지요. 어디 그 사람들이 가난한 사람들을 착취하라고 했습니까? 그래서 예수님께서도 착취하는 부자 너희들은 낙타가 바늘구멍을 통과할 수 있을지 몰라도 너희가 천국에 들어가기는 어렵다고 했어요. 이게 특권의식을 가진 사람에게 하는 말입니다.

여기 앉은 사람들은 한국 사회의 특권계급이라고 할 수 있습니다. 우리가 조심할 것은 우리 속에서 그런 의식이 나오지 않도록 해야 되며, 일반 대중의 제일 잘못은 열등의식이라는 것입니다. 그 의식이 문제입니다. 또 지도계급에는 우등의식이 있으면 안 되는 것이지요. 무슨 장관이 된다고 하면 벌써 우쭐해지려고 하는데 그렇게 되면 안 됩니다. 장관이 되거나 그저 교수이거나 달라지면 안 되고, 변함이 없어야 되는 겁니다.

하여튼 하나님 앞에서는 다 평등하지, 세상 잘난 사람이 어디 있습니까. 잘난 교수가 되려면 그 아는 것을 가지고, 다른 사람을 도와주어야 합니다. 예수님이 이웃을 네 몸같이 사랑하라 하신 것과 같이 이웃을 사랑하라는 것이지 그들을 무시하라는 것이 아닙니다. 그러니까 우리 지도층의 가장 큰 죄는 교만함이 아니겠습니까.

남을 업수이 여기는 것, 그런 교만을 깨뜨리는 방법은 결국 고난에 동참해 보는 것밖에 없다고 생각합니다. 예수님께서 하늘을 버리고 땅에 오셔서 우리와 함께 살아왔다 하는 것은 고난에 동참하신 것입니다. 그것이 우리의 의식을 고쳐주는 가장 좋은 길입니다.

난 농사를 한 해 지어 보았는데 그것이 나에게 상당히 도움이 되었습니다. 논을 갈고 물을 푸고, 밭을 매고 이렇게 농촌에서 살아왔다는 것이 나하고 농민들 사이에 굉장한 친밀감을 주었어요. 가깝게 느껴지는 거예요. 너와 나는 이렇게 막힌 게 아니라 언제든지 통하게 되는 거지요. 아까 똑똑한 사람들이 자칫하면 막히게 된다는 것은 남과 통하지가 않는 것이지요. 저 혼자 고립되고 마는 것입니다. 그러니까 농사를 지어본 것이 농민들과의 관계를 상당히 부드럽게 만들었던 것입니다.

6.25 때 피난 가서 트럭 운전수를 한 일 년 했습니다. 그것 또한 나에게 상당히 도움이 되었는데, 그것으로 운전수와 나와, 사이가 아주 가까워졌다는 것입니다. 요즘 아침에 차를 타고 다니면 운전수와 내가 상당히 친한데 그것이 평등이라는 것이지요.

난 또 동대문에서 장사를 한번 해 봤어요. 6·25 덕택으로 모두 해봤죠. 동대문 시장에서 하루 종일 장사하는 것이 얼마나 힘든지 모릅니다. 그것 역시 해보면 압니다. 또 막노동도 해보고 리어카도 끌어 보았어요. 하수도도 고치고, 남의 집에 장판도 놓아주고, 기와도 얹어주고, 기술이 없으니까 그런 것밖에 할 게 없었어요. 언젠가는 어떤 집에 장판을 놓았는데 풀칠을 해서 붙이려고 하니 주인이 "아니, 물속에 넣지도 않고 풀칠하느냐"고 해서 그때서야 알았어요. 그러고서 하려니까 제대로 똑바로 되지를 않아요. 대개 5시쯤 끝나고 돌아가야 할 텐데 밤 9시, 10시까지 했어요. 그런데 주인이 "아니, 이렇게 하는 사람이 어디 있냐"며 화가 났는지 밥도 안 줘요. 그리고 얼마 있다가 이화여대 선생이 됐어요. 그 집이 장관 집이었는데, 내 바로 앞에 앉은 학생이 그 집 딸이었어요. 그 후 어쩌다가 길에서 그 어머니와 딸을 만났는데 그때 나보고 미안하다고 그래요. 미안하긴, 당연한 거지요.

그런데 노동을 해보면 노동자의 생활이 어떤 것인지 알 수 있어요. 노동자와 가까워지는 거예요. 교만한 의식을 깨뜨려 버리기 위해서 그런 경험이 참 중요하다고 생각해요. 미국의 대학생들은 방학 석 달 동안 농촌이나 공장에서 일을 해서 학비를 마련하는데 이거 참 괜찮습니다. 그곳 사회제도가 또한 그렇게 되어 있어요. 방학 때가 되면 어떤 업체에서도 학생들을 맞아들일 준비가 다 되어 있어요. 노동을 하건, 무엇을 하건 괜찮은데 나는 그것이 민주주의의 가장 근본이 아닌가, 그렇게 생각해요. 여러분도 여름에 비키니 입고 해수욕장에서 놀지 말고, 일손 모자라는 농촌에 가서 그곳 일도 도와주고 우등의식을 없애버리세요.

여러분이 나를 볼 때, 내가 교만한 사람 같습니까? 그렇지 않죠? 난 지금도 하수도 고쳐 달라면 다 고쳐줄 수 있어요. 아브라함 링컨이 구두를 닦자 비서실장이 "대통령이 그걸 어떻게 닦습니까. 구두 닦는 아이한테 시키세요" 하니 그의 말이 "일에 무슨 귀천이 있느냐. 다 하면 되는 것인데" 그랬다고 합니다. 어떡하면 귀한 일, 어떡하면 천한 일, 그게 없지 않느냐 그겁니다.

일에 귀천이 없다는 사상이 있으면 민주주의가 나오지요. 미국의 농장에서 일꾼을 두고 농사짓는 것 못 보았어요. 다 자기 손으로 짓고 있어요. 이 사람들은 그렇게 일에 대해서 애착을 가집니다. 일 속에서 나서, 일 속에서 죽는 것이 민주주의입니다. 그걸 못하면 민주가 어디 있습니까. 일 속에서 기쁨을 가질 때 그게 곧 민주인 것입니다.

공부할 때, 일할 때, 그게 즐거우면 곧 신앙생활입니다. 그렇게 되면 무슨 교만이 있습니까. 우리의 교만함을 깨뜨리기 위해서는 우리가 일 속으로 파고 들어가는 것이 참 좋은 것 같습니다. 즉 일속에서 우등의식을 깨뜨리는 것입니다. 그리고 또 하나는 예수님처럼 다른 사람을 살려내는 것입니다. 수영하는 사람이 물속에 들어가면 물에 빠진 사람을 건져내는 것이지 다른 게 없습니다.

내가 지금 선생이고, 내가 제일 잘한다고 생각하는 것은, 내가 학생을 깨우는 것이고, 그게 학생과 내가 가까워지는 겁니다. 그리고 내가 뭘 좀 안다고 하면 그걸 배워 주려고 애씁니다. 그래서 내 입장은 첫째 배우는 것과 둘째 가르치는 것입니다. 배우고자 하는 생각 없이는 우리는 교만이라는 죄에서 벗어날 수가 없다는 것입니다. 그래서 믿음은 하늘에서 내려오는 것이 첫째고, 그다음에는 땅에서 하늘로 올라가는 것이 둘째입니다. 그것이 결국 예수님이 우리에게 와서 하신 일이 아니겠습니까. 그런데 특권의식이란 그게 아니고 나는 하늘에 있고, 너희는 땅에 있어라 하는 겁니다.

믿는 자가 되기 위해서는 성숙한 사람이 되어야 합니다. 그것이 제일 중요합니다. 겸손은 쉽게 이루어지는 게 아닙니다.

벼이삭이 누렇게 익어야 이삭이 수그러지는 것과 같이 사람은 성숙해져야 겸손하게 되는 것입니다. 그런데 사람들은 올라가고만 싶어 하지 내려오려고 하지 않아요. 마치 풍선 같아요. 겸손이란 속이 차는 것입니다. 역시 내려가기 위해서는 속이 가득 차야 내려가지 그냥은 안 됩니다.

믿음을 가진다는 것은 우리 속에 알이 차는 겁니다. 알이 차야 내려오는 거지 그렇지 않으면 풍선처럼 자꾸 올라가는 겁니다. 사람은 다 저 잘난 맛에 사는데 그게 쉽게 내려갑니까. 시골에서 올라오면 다 서울 살려고 하지 시골 내려가려고 합니까. 또 우리나라에서 미국 같은 데 가면, 미국에서 살려고 그러지 다시 돌아오려고 합니까. 그런데 그게 아니고 갔다가 도로 오려고 하거나 시골에서 서울 왔다가 도로 시골가려고 하는 사람들은 보통 사람들로서는 되는 게 아닙니다. 이건 정말 성숙한 사람들인 겁니다. 무게가 있는 사람, 믿음을 가진 사람이 아니면 좀처럼 되지 않습니다. 우리의 교만을 없애기 위해서는 역시 믿음이 중요합니다.

예수님처럼 하늘을 버리고 땅에 와서 살고, 땅에 사는 것만 아니라 다시 땅의 사람들을 데리고 올라갑니다. 이 두 가지가 상당히 중요합니다. 그 유태사람들이 교만에 빠졌지만 예수님께서 대표로 그것을 치유하는 방법을 보여주셨던 것입니다.

하나님을 떠나서 세상에 내려오고, 세상에서 사람들을 하늘로 끌어올려 준 사람이 예수 그리스도입니다. 그러니까 결국 진짜 뽑힌 사람은 예수 그리스도입니다. 왜? 그 사람은 자기가 왜 뽑혔는지를 아니까. 그는 왜 자기가 하나님의 아들이 됐는지를 알아요. 예수님이 알고서 하신 일이 곧 인자人子가 되신 거지요. 하나님의 아들이 되신 거예요. 그래서 육신을 쓰고 이 세상에 내려와서 우리를 구해주신 겁니다.

특권계급에서 제일 중요한 것은 바리새인이 되어서는 안 된다는 것입니다. 남을 판단하면 안 됩니다. 그래서 로마서 2장 맨 처음에도 이렇게 말합니다. "너희 절대로 남을 판단해서는 안 된다. 남을 흉보면 안 된다. 남을 천대하면 안 된다. 우리가 이 사람들을 섬기러 왔지, 부리려고 온 것은 절대 아니다. 그래서 예수님께서 친히 손을 벌리시고 발을 씻겨 주셔서 그들을 섬기는 본을 보여 주셨다." 이것이 모든 특권계급에게 보이신 예수님의 행동이라고 생각합니다.

그러니까 여러 학생들이 다음에 시집가서 자기는 의자에 딱 앉아서 가정부만 부리려고 하면 안 됩니다. 만약 가정부가 들어왔다고 하더라도 그녀에게만 시킬 게 아니라 같이 해야 됩니다. 그렇지 않으면 안 됩니다. 또 가정부에게 욕만 하지 말고, 가정부와 같이 고난에 동참하고, 그녀를 잘 살게 해 주려고 애를 쓰고, 그러면 그 가정부도 우리를 잘 살게 해 주려고 애를 쓰고 그럴 겁니다. 자본을 가진 사람들은 노동자들을 잘 살게 해주려고 애를 써야 합니다. 미국의 포드는 다른 사람들은 다 망했지만 성공했어요. 왜냐하면 그는 불경기 때 다른 사람들이 미처 생각지 못했던 노동자들의 월급을 올려 주었어요. 그러자 노동자들은 결사적으로 자동차를 잘 만들어냈어요. 다른 사람은 다 불황을 겪었지만 그 혼자 겪지 않았던 것입니다.

남에게 잘해야만 나도 잘 사는 거지, 남을 못 살게 하면 나도 못 사는 것입니다. 예수님께서 이웃을 네 몸같이 사랑하라 했을 때 그게 어려운 말 같지만 하나도 그렇지 않습니다. 가까이서 찾아 보려고 애를 쓰십시오. 어떻게 하면 이웃을 잘 살게 해 줄 수 있을지 애쓰면 그 이웃도 내가 잘 살 수 있게 애를 쓸 게 아닙니까? 이게 바로 복 받는 비결입니다.

언제나 교만한 사람에게 문제는 고립도 고립이지만 발전이 없다는 것입니다. 교만한 사람은 벌써 마음이 다 찼으니까 속이 비지를 않아요. 물건을 받으려면 언제나 그릇이 비어 있어야 할 텐데 교만한 사람은 항상 그릇이 가득 차 있기에 다른 물건을 받을 수가 없습니다.

여러분, 교회 올 때 제일 중요한 것이 무엇입니까. "마음이 가난한 자는 복이 있나니 천국이 저희들 것이라." 우리들 마음을 텅 비워 놓는 것 아닙니까. 그래서 하나님이 주신 은혜를 수북이 받아 가면 이게 가장 중요한 것이 아닙니까. 주역周易에 지산겸地山謙이라는 괘가 있습니다. 땅 속에 산이 들어가 있고,

언제나 자기를 낮추어서 비게 하고, 언제나 배우려고 하는 마음으로 차 있으면 그것이 발전하는 게 아닙니까.

많이 안다고 하면 발전하지 않습니다. 그래서 소크라테스가 "너는 아무것도 모른다는 것을 알아라"고 말하지 않았습니까. 네가 아무것도 모른다, 그게 마음이 가난한 것이지 뭐 별게 있습니까. 계속 모른다, 그겁니다. 10시 성경반에, 내가 배워야 될 선생님들이 나에게 배워야겠다고 오십니다. 그런 경우를 당하면 정말 감격스럽습니다. 그분들에게 내가 배울 게 뭔가를 알아야 합니다.

예수님께서 세례 요한에게 세례를 받으러 들어가니 요한이 "아! 내가 선생님에게 세례를 받아야 하는데, 어떻게 선생님께서 받으러 오십니까" 하니 예수님 말씀이 "지금은 내가 하자는 대로 하여라. 우리가 이렇게 해야 하나님께서 원하시는 모든 일이 이루어진다"고 하셨습니다. 이 말씀에 얼마나 많은 가능성이 포함되어 있습니까. 제가 무엇 같다 이게 아니지 않습니까. 내가 배워야 될 선생님이 오셔서 나에게 배우겠다고 앉을 때면 꼭 예수님께 세례 주던 것 같아요. 역시 그게 아름다운 거 아닙니까.

여기 학생들은 내게 배워야 될 사람들이 많지만, 여기 어른들은 다 내가 배워야 될 사람들 아닙니까. 그런데도 여기 와서 제 말을 듣고 있다는 게 얼마나 감격스럽고 죄송스러운지 모르겠습니다. 그러나 사실은 내가 주는 것도 아니고, 여러분이 받는 것도 아닙니다. 다만 하나님의 뜻이 이루어지는 것뿐입니다. 하나님의 뜻을 이루는 것, 이게 중요한 것입니다.

설교라는 형식이건, 찬송가라는 형식이건, 무슨 형식이건 좋아요. 단 한 가지 우리에게 공통된 것이 있다면 우리가 다 같이 하나님의 진리를 깨닫고, 하나님의 은혜를 받기를 원한다는 것만은 확실하다는 것입니다. 그 마음이 아름다운 마음이지 그밖에 무엇이 있습니까. 이런 마음에는 교만함이 없습니다. 그것이 하나님의 아들들의 태도입니다. 이스라엘 사람들은 그것을 잊어버렸기 때문에 여기에 바울은 유태인을 죄인이라고 단죄하고 있는 것입니다.

반 역

1983년 6월 12일

로마서 3:1~20

올바른 사람은 없다. 단 한 사람도 없다. 깨닫는 사람도, 하나님을 찾는 사람도 없다. 그들의 혀는 거짓을 말하고, 그들의 입은 저주와 독설로 가득하다. 그들의 발은 피 흘리는 일에 날쌔며, 그들의 눈에는 하나님을 두려워하는 기색이 없다.

요전에 〈죄〉라는 제목으로 로마사람들의 죄를 주로 말했습니다. 그 사람들의 죄는 음란이라는 것이었고, 그 근원은 우상 숭배였습니다. 그다음 주일에는 유태사람들의 죄, 즉 그들이 선민이라는 의식에서 나오는 교만함의 죄에 대한 이야기를 했습니다.

이제 오늘은 그 마지막으로 인류의 죄, 세계의 죄, 우리 모든 인류의 죄를 말하려고 합니다. 바울은 죄에 대해 세 가지를 말씀하셨습니다. 이방인의 죄, 유태사람들의 죄, 인류의 죄가 그것인데, 그중에서 인류의 죄를 말씀드리겠습니다.

왜 죄, 죄, 그런 말을 자꾸 해야 되나. 종교란 구원받는다는 것인데, 우리가 구원받는다고 할 때 물에 빠지지 않으면 우리가 구원받을 수 없는 것입니다. 우선 물에 빠진 것을 전제로 해서 물에서 건져짐을 받는 것이지, 물에 빠지지 않은 사람은 물에서 건져냄을 받을 필요가 없습니다. 죄라는 것은 기독교에서는 우리가 무엇인가에 빠져 들어갔다. 그러므로 거기에서부터 빠져 나와야 살지 그렇지 않으면 못 산다는 것입니다.

이방 사람들은 음란이란 죄에 빠져 들었고, 유태사람들은 교만이란 죄에 빠졌고 그리고 온 인류는 어디에 빠졌는가. 반역에 빠져 들어갔다. 그러니까 결국 음란보다 더 깊은 것이 교만이고, 교만보다 더 깊은 구렁텅이가 반역이라고 할 수 있습니다.

반역이란 무엇인가. 조선조 말의 반역자는 이완용이라고 할 수가 있습니다. 나라를 팔아먹은 민족의 반역자, 그 반역자에 반대되는 말이 안중근 의사처럼 나라를 위해 자기 목숨을 바친 사람들을 일컫는 말로 의사義士, 의인義人입니다.

지금 성경 말씀에 "의인은 하나도 없나니" 하였는데 더 쉽게 말하면 안중근 같은 사람은 하나도 없고, 전부 다 이완용 같은 놈들뿐이라는 말과 같지요. 의인은 없고 죄인뿐이란 것입니다.

그런데 성경에서 맨 처음으로 죄에 대해 쓴 곳이 창세기 3장입니다. 그 내용은 하나님께서 아담과 하와를 이 세상에 살게 하시고 에덴동산에 두었다. 에덴동산에서 잘 살게 했는데 그때 뱀이 나타나 아담과 하와를 유혹했다는 것입니다. 밀턴의 『실락원失樂園』을 보면, 이 뱀을 사탄이라고 합니다. 지금 읽은 성경에도 그들의 목구멍은 열린 무덤이라고 표현하고 있습니다. 뱀이 쥐를 잡아먹는 것을 보면 그냥 통째로 들어갑니다. 그야말로 열린 무덤입니다.

또 뱀의 혀는 양설兩舌입니다. 뱀의 혓바닥은 둘로 갈라져 있습니다. 우리가 거짓말을 하는 것을 보면 혓바닥이 둘이라고 하는데, 뱀의 혀도 양설이고, 거짓말을 한다는 것도 양설입니다. 그리고 입술에는 독사의 독이 흐른다. 그리고 그들의 입은 저주와 독설로 가득 찼다고 했는데 그것은 남이 못 살기만을 바라고, 모략중상을 하고, 악설과 독설로 가득 찼다는 것입니다. 그래서 성경에서 뱀을 등장시키고 있습니다.

뱀의 본체는 무엇인가? 우리는 흔히 사탄이라고 합니다. 보통 세계에서 악마라고 하는 것과 우리 기독교에서 사탄이라고 하는 것과는 개념이 조금 다릅니다. 사탄이라는 말은 기독교만이 특별히 쓰는 말로서 하나님에 대해서 반역한 존재를 뜻합니다. 그래서 아담과 하와가 이 사탄으로 인하여 죄를 짓게 되는 것이며, 고로 하나님에게 맨 처음으로 반역한 존재가 바로 사탄인 것입니다. 본래 최초의 반역자인 사탄은 이완용이 한 나라의 장관이면서 자기 나라를 팔았고, 가룟 유다가 예수의 제자이면서 예수님을 판 것처럼, 사탄도 하나님의 천사였으면서도 최초로 하나님에 대해서 반역을 한 것입니다. 그 반역으로 인해 하나님 나라에서 쫓겨났고, 쫓겨남으로 하나님 나라에서 떨어질 수밖에 없었습니다. 떨어져 나와서 하나님을 골탕 먹여 보려고 하나님이 제일 사랑하는 사람의 영혼을 괴롭히기 시작했습니다.

그러면 사탄은 하나님을 왜 배반하였는가. 결국은 제가 하나님이 되려고 한 것입니다. 그러니까 사탄은 아담과 하와에게 가서 선악과를 가리키며 "너 저것 알지? 저것을 따먹으면 너도 하나님이 된단다" 하고 꼬였던 것입니다. 그 말에 아담과 하와가 홀딱 반해서 그만 선악과를 따먹고 반역자가 된 것입니다. 이 반역에서부터 인류 전체의 죄라는 근원이 나오는 것입니다.

반역은 별것이 아닙니다. 모세가 하나님으로부터 십계명을 받았는데 제일 첫째가 "절대 네가 하나님이 되면 안 된다"는 것입니다. 그것이 바로 십계명의 1조입니다. "내 앞에 다른 신을 섬기지 말라." 다른 신이 자기입니다. 도스토예프스키의 작품을 읽어보면 결국은 누구든지 제가 하나님이 되고자 하면 악마가 되고 만다는 것이 결론입니다.

공산주의에서는 무신론이다, 하나님은 없다, 내가 하나님이다, 라고 하는 것입니다. 스탈린이 하나님은 없다 하고 제가 하나님이 되고자 하니 자기도 모르는 사이에 악마가 되고 마는 것입니다. 스탈린 같은 사람은 밤에 잠을 청하면서 내일 아침은 누굴 죽일까. 누구를 죽여야겠다고 생각해야 잠이 잘 왔다고 합니다. 그게 악마가 아닙니까. 누구든지 제가 하나님이 되려고 하면 안 된다는 것이 바로 도스토예프스키의 신앙고백이고 곧 십계명 제1조입니다.

제2조는 "우상을 섬기지 말라." 로마 사람에게 하는 얘기인데 로마 사람들의 결함은 우상을 섬기기를 좋아하는 것이었기 때문입니다.

제3조는 "하나님의 이름을 망령되게 하지 말라." 너희들은 선민이라 하지만, 돌로도 아브라함의 자손을 만들 수 있다. 세례 요한이 말하는 것입니다.

맨 마지막에 가장 중요한 얘기는 바울 선생의 말입니다. 이것은 누구에게나 해당되는 말입니다. "하나님이 되려고 하지 마라. 누구든지 하나님이 되려고 하면 악마가 되고 만다." 즉 기독교식으로 사탄입니다.

예수님께서 제자들을 보고, "내가 어떤 사람인 줄 아느냐" 하고 묻자 베드로가 손을 들고 하는 말이 "선생님은 살아계신 하나님의 아들이요, 그리스도이십니다." 그러자 예수님이 "너 참 용하다. 하나님이 가르쳐 주셔서 알았겠지만, 이제부터 네가 하늘나라의 열쇠를 맡게 되어 네가 문을 열면 들어가고 닫으면 못 들어 갈 것이다. 네가 교회의 머리가 되리라"고 하시자 베드로가 우쭐해져서 "아 그럼, 내가 이제부터 세상을 지배하게 되는 것입니까." 예수님이 "사탄아, 물러가라. 네가 어찌 일등이 되려 하느냐. 일등은 하나님이 아니냐"고 하였습니다.

또 어떤 사람이 예수님을 보고 "참, 당신처럼 세상에서 착한 사람이 어디 있습니까" 하자 예수님께서 대답하시기를 "착하신 분은 오직 한 분, 하나님뿐이시라"고 하셨습니다. 예수님은 언제나 이등이지 일등은 아닙니다.

주역엔 무수無首면 길吉하리라 하는데 그 말은 일등이라고 하지 않는 사람은 언제나 행복하리라는 말입니다. 참 좋은 말입니다. 그러니까 일등이 되어서 세상을 지배하려고 하는 것이 아닙니다.

그런데 사람의 욕심은 세상을 지배하려고 하는 것입니다. 그래서 오는 것이 전쟁입니다. 처음에는 제목을 '전쟁'이라 하려고 했는데, 우리들은 교인이라서 좀 더 깊은 뜻을 알고 넘어가야겠다고 생각하고 〈반역〉이라고 고쳤습니다. 사실 이 세계에서 가장 심각한 문제가 전쟁입니다. 서양의 4천 년 역사 중에 전쟁이 일어나지 않은 해가 2백 년뿐이라고 합니다. 결국 3천 8백 년 동안 계속 전쟁이 있었다는 것입니다. 요새도 계속하고 있습니다. 요즘 이란과 이라크와 같은 나라들은 유전油田을 파괴하여 바다를 오염시키고 있지만 이 싸움은 계속되는 것입니다. 그러니까 역사란 무엇인가. 계속 전쟁을 준비하는 것입니다.

제1차 세계대전 때 죽은 사람의 수는 약 2천만 명이라고 합니다. 그때 우리 한국의 인구가 2천만 명이 못 되었는데 쉽게 말하면 우리 한국 인구만큼이나 죽었던 것입니다. 2천만 명을 죽이는 데 돈을 얼마나 썼는가 하면 4천억 달러를 섰답니다. 이 것이 인류의 죄입니다.

죄악 가운데 제일 나쁜 것이 사람을 죽이는 일이 아닙니까? 사람을 죽이고 가서 빼앗는 것이 제일 나쁜 것입니다. 살인하지 말라. 간음하지 말라. 도적질하지 말라 하는 대죄를 세계 역사는 집단적으로 저지르고 있습니다. 2천만 명을 죽이는 제일 큰 살인사건에 세계 전체가 참여하고 있습니다. 이것이 인류의 죄라는 겁니다.

왜 그러는가. 제2차 세계대전을 생각해 보십시오. 그때는 6천만 명이 죽었습니다. 1차 대전의 3배가 더 죽었습니다. 그러니까 성경에 보면, 전쟁이란 사탄의 짓이라고 합니다. 성경에 보면, 이 사람들은 피를 흘리는데 빠르고, 전쟁을 준비하는데 굉장히 빠르다고 하였습니다. 피를 흘리는데 빠르고, 평화의 길을 알지 못한다고 했습니다(롬 3:18). 그런데 이 6천만 명을 죽이는데 1조 4천억 달러나 들었다고 합니다. 막대한 돈입니다. 그 돈을 가지면 영·미·소의 20만 명 이상 되는 각 도시에 전부 대학을 설립할 수 있는 것입니다. 그런데 그 1조 4천억 달러로써 6천만 명을 죽인 것입니다. 그것을 죽이고도 또 모자라서 지금도 계속하여 사람 죽이는 무기를 생산하고 있습니다.

요즘 뉴스를 보면 얼마나 무기를 만드는 데 박차를 가하는지 알 수 없습니다. 제2차 세계대전에 TNT 20톤급 10만 개나 떨어뜨렸다고 합니다. 제2차 대전에 떨어진 폭탄이 다 합하여 2메가톤이라고 합니다. 그런데 수소폭탄 1개가 2메가톤이랍니다. 수소탄 한 개가 떨어지면 2차 대전에 터진 폭탄이 한꺼번에 다 터지는 것입니다. 이거 무섭지 않습니까.

그러나 1990년대가 되면 미사일이라고 하는 핵탄두 기지가 미·소 합하여 5천 개가 넘을 것이라고 합니다. 그것을 우리가 줄이자 하고 이번에 제네바에서 군축회담을 하는데 실패하고 말았습니다. 그래서 지금 전략가들의 말대로 1990년대에 그런 핵탄두 기지가 5천 개가 생긴다면 현재 미·소가 가지고 있는 원자탄의 만 배가 넘는다고 합니다. 수소탄 1개가 2메가톤에 해당하는데 그런 것이 5천 개가 된다는 것입니다.

만 메가톤을 가지면 무엇을 할 수 있나. 세계 집집마다 대형 폭탄 하나씩을 떨어뜨릴 수 있다고 합니다. 이제 우리 집에도, 누구 집에도 대형 폭탄이 하나씩 떨어지게 되었으니 우리만 죽는다고 걱정할 필요는 하나도 없습니다.

그런데 우리가 죽는 것은 걱정 없으나 그 원자탄이 터질 때 나오는 원자진原子塵이라는 먼지에는 독기가 있고, 그걸 사람이

쐬면 죽게 됩니다. 그뿐만 아니라 독기는 없어지는 데는 3천 년이 걸린다고 합니다. 그래서 원자로를 만드는데 제일 골칫거리가 그 찌꺼기 처리입니다. 지금은 큰 콘크리트 속에 넣고 있는데 현재 제일 좋은 방법은 커다란 유리병에 집어넣어서 바닷물 밑에 집어넣는 것뿐이라고 합니다. 왜냐하면 콘크리트는 물에 들어가면 자꾸 녹지만 유리는 아무 염려가 없기 때문입니다. 유리병에 넣어서 3천 년을 넘겨야 된다는 것입니다. 만약 원자탄이 꽝 하고 터지면 그 독기도 3천 년을 간다고 합니다. 그렇게 되면 3천 년 동안 사람이 살 수 없게 되는 것입니다. 이런 무서운 무기를 매일 매일 만들어서 앞으로의 전쟁 준비를 하고 있습니다. 인류의 죄라면 이 이상의 죄가 있겠습니까. 이제는 인류뿐만 아니라 모든 식물이나 동물도 전멸하게 되어 있습니다. 정말 죄는 무섭습니다. 옛날에는 죄가 사망을 낳는다고 했는데 이젠 모두 다 죽게 되었습니다. 인류가 전멸하게 되었습니다.

전쟁은 왜 일어나는가. 서로가 세계를 지배하려고 하는 데서 일어나는 것입니다. 싸움은 왜 하는가. 동물들을 보면 저마다 지배자가 되려고 하는 데서 일어납니다. 소련은 공산주의로써 세계를 지배하려 하고, 미국은 자본주의로써 세계를 지배하려고 하니 결국 싸움이 일어날 수밖에 없습니다.

싸움이 어디서 나오나. 세계를 지배하려고 하는 데서 나오는 것입니다. 그 세계를 지배하는 자가 누군가. 하나님이라고 하면 그 하나님이 되려고 하는 자가 사람입니다. 하나님이 되는 것은 싸워서 되는 것이 아닙니다. 이것을 깨닫지 못하면 다 멸망하고 맙니다. 그래서 세계의 모든 사람들이 결국 내가 지배하지 않겠다고 손을 드는 것이 회개이고, 우리가 밤낮 고백하는 주기도문의 결론입니다.

나라와 권세와 영광이 안드로포프도 아니고, 레이건도 아니고 하나님에게 있습니다. 하나님만이 하나님이지 딴 녀석은 하나님이 될 수 없습니다. 딴 녀석이 하나님이 되면 그건 하나님이 아니고 사탄입니다. 그건 악마입니다. 악마의 결론은 멸망입니다. 그건 절대 하나님이 아닙니다. 악마입니다.

그런데 이런 이상을 모방한 것이 중세의 역사입니다. 영국의 왕이 세계를 지배하던 때가 아니고, 프랑스의 왕이 세계를 지배하던 때가 아니라 하나님을 상징하는 법왕이 세계를 지배하던 때였습니다. 법왕이 세계를 지배하던 때는 전쟁이 적었을 것입니다. 그러나 법왕도 사람이니까 또 악마가 되는 것이고 그래서 루터가 법왕을 향해 악마라고 하는 것이 아닙니까.

언제나 하나님이 세계를 지배하게 되고, 그 밑에 우리가 살게 되어 있어야 우리가 평화를 얻는 것이지 만약 딴 녀석이 하나님이 되어 세계를 지배하게 되면 이 세계는 전쟁터가 되고 말며, 인류는 멸망하고 맙니다.

우리 집의 문제를 생각해 봅시다. 남자가 결혼을 했다고 해서 내가 가장이다, 그런고로 내 말만을 들어라 하는 것은 봉건적인 사상입니다. 미국에 가서 본 일입니다. 여자들이 상당히 세다고 느꼈어요. 왜냐하면 여자들이 남자를 막 때리는 것을 보았기 때문입니다. 남자가 여자를 때리는 것도 여자가 남자를 때리는 것도 다 사탄의 짓입니다. 때린다고 해서 해결이 됩니까.

문제를 해결하기 위해서는 우리 집의 주인은 하나님이시다, 하나님의 뜻대로 살아야겠다고 할 때 가정에 평화가 깃들게 된다고 생각합니다. 남자가 지배한다, 여자가 지배한다, 하는 것은 엎치락뒤치락이지 문제가 해결되지는 않습니다. 사람이 철이 들면 싸움을 하지 않습니다. 저도 이제는 싸움을 하지 않습니다. 내가 우리 집의 주인도 아니고, 내 마누라도 주인이 아니고, 오직 하나님만이 주인이기에 하나님 뜻대로만 살아야겠다고 생각하니 평화가 깃들 수밖에 없습니다. 아주 평안합니다. 이 인류가 그렇게 되기까지에는 전쟁이 그치지 않습니다.

시저가 지배한다, 나폴레옹이 지배한다고 해서는 세계가 안 됩니다. 소련이 지배한다, 중공이 지배한다, 그렇게 해도 해결이 되지 않습니다. 무력으로는 해결되지 않습니다. 무슨 무기, 무슨 무기 하지만 무기로는 해결되지 않습니다. 그게 무슨 소용이 있겠습니까, 안에서 썩고 있는데. 성경에 보면 원수는 네 집안에 있다고 하지 않았습니까. 집안의 원수가 무서운 것입니다. 즉 미국을 망하게 하는 것은 소련이 아니라 그 안에 있을 것입니다. 하여튼 밖에 있다 하여도 지배한다고 다 해결되는 것은 아닙니다. 이집트가 강하다가 페니키아가, 희랍이, 로마가, 프랑스가 자꾸자꾸 일어나지만 결코 끝나지 않습니다. 그러면 언제 끝이 날까요. 그건 오늘이라도 하나님을 모시고 원자탄 같은 것은 다 없애고 평화롭게 살자고 하면 되는 것입니다.

미국의 예산 30%가 원자탄을 만들고 있다고 합니다. 그 지대한 나라의 예산 30%란 것이 사람을 죽이는 데 전략적으로 쓰이고 있다는 것입니다. 이것보다 더 큰 죄가 어디 있습니까. 사람을 죽이는 데 전력을 다하는 것처럼 큰 죄가 어디에 있겠습니까. 실직자들은 10%가 넘고 그들은 굶어 죽어가고 있는데 사람 죽이는 데에 전력을 쏟고 있으니 그런 죄가 또 어디에 있겠습니까. 이런 것만 봐도 세상에 똑똑한 놈들이 많은 것 같은데 하나도 똑똑하지 않고 어리석은 놈들뿐이라는 것을 알 수 있습니다.

바울 선생이 로마서 3장 11절, 12절에서 세상에 똑똑한 놈이 하나도 없구나 하고 한탄하였습니다. 눈뜬 자도 없고 깨달은 자도 없다는 것입니다. 쉽게 말하면 똑똑한 놈이 하나도 없다는 것입니다. 또 의인도 없는 세상에 바로 살려는 놈이 하나도 없다는 것입니다. 정말 철든 사람은 하나도 없다고 하는 것이지요. 모두가 다 뭔가 빗나가고 있다는 것입니다.

희랍말로 죄를 하말티아라고 하는데 그게 빗나갔다는 말이

랍니다. 어떤 목적을 향해서 탕 쏘아야 하는데 총알이 그만 빗나간 것을 뜻하는 말입니다. 미국 사람이 돈이 있으면 선한 일을 위해서 써야 되는데 사람을 죽이는 일을 위해 쓰는 것은 빗나간 것입니다. 소련 사람들이 노동자를 구원한다고 하면 노동자를 구원하기 위해서 돈을 써야 되는데 그게 아니고 노동자를 착취하여 전쟁을 준비하는 데에 쓴다는 것, 역시 빗나간 일입니다. 서양 사람들 다 빗나간 것 아닙니까. 하나님을 찾아가야 될 텐데, 악마를 찾아가니 이게 다 빗나간 것이 아닙니까.

인생의 목적이 있어 그 목적을 향해 나아가야 할 텐데 딴 데로 가니 빗나간 짓입니다. 하말티아란 빗나간 것이고, 왜 사탄이 되는가 하면 빗나가서 그런 것입니다. 하나님을 반역해서 하나님의 나라가 된 것이 아니라 뱀의 세계밖에 된 것이 없지 않습니까. 그게 빗나간 짓입니다.

마지막으로 바울 선생의 결론은 하나님을 무서워하는 자가 되라는 것입니다. 하나님을 무서워할 줄 알아야 합니다. 우리나라에서도 하늘이 무섭지 않느냐고 하는 말이 있습니다. 하늘이 무섭고, 진리가 무서운 줄을 알아야 합니다. 진리가 무서운 줄 모르고 제 맘대로 하려고 하거나, 제가 하나님이 되어 보겠다고 십계명 1조를 다 배반합니다.

내 앞에 나 외에 다른 신을 섬기지 말라고 했는데도 자꾸 자기가 하나님이 되겠다고 합니다. 마치 독사처럼, 항아리에 독사를 넣어 놓으면 차례차례 고개를 쳐들지 않습니까? 요즘 세상 꼴이 바로 이 모양이라고 해도 과언은 아닐 것입니다. 이런 꼴을 보고 세례 요한이 와서 "독사의 종류들아" 하고 외치지 않았습니까.

인류의 죄는 무엇인가. 온 세계가 다 달라붙어서 사람을 죽이려고 하는 것이 인류의 죄입니다. 전쟁, 싸움, 그게 죄입니다. 이 죄는 인간이 일등 되기 위해서 하나님을 배반하는 데서 일어난다는 것입니다.

철인이 왕이 되든지, 왕이 철학을 배우지 않으면 이상세계는 오지 않습니다. 철인이 누구입니까. 그리스도입니다. 철학이 무엇입니까. 진리입니다. 진리가 인류를 지배하지 않는 이상, 이 세상에는 싸움이 멎을 날이 없을 것입니다. 그리스도가 왕이 되기 전에는 땅에 평화가 없습니다. 그리스도여, 오시옵소서. 이것이 초대교회의 기도였습니다.

하나님의 구체적인 사랑

1983년 6월 19일

로마서 3:21~26

　하나님께서는 그리스도 예수를 통해서 모든 사람을 죄에서 풀어주시고 당신과 올바른 관계를 가질 수 있는 은총을 거저 베풀어 주셨습니다. 그리스도를 믿는 사람에게는 죄를 용서해 주시려고 하나님께서 그리스도를 제물로 내어 주셔서 피를 흘리게 하셨습니다. 이리하여 하나님께서 당신의 정의를 나타내셨습니다.

　오늘은 〈하나님의 구체적인 사랑〉이란 제목으로 생각해 보겠습니다. 그것을 신의神義라고 하는데 사랑의 구현입니다. 사랑의 구현이 무엇인가 하면 "예수 그리스도가 하나님의 의다"라고 말했습니다. 예수 그리스도가 하나님의 구체적 사랑이다, 라는 말입니다. 이것을 성육신成肉身이라고 합니다. 말씀이 육신이 되었다, 이것이 복음입니다. 왜 바울이 신의神義라는 말을 하게 되었는가 하면 인의人義와 대립시키기 위해서입니다.

인의란 율법을 말하는 것입니다. 사람의 의義를 존중하는 율법 중심의 유태교 가지고는 안 된다. 하나님의 의義를 존중하는 복음 중심의 기독교라야 한다. 사람의 힘으로는 안 된다. 하나님의 힘이라야 한다. 사람 중심의 유태교 가지고는 안 된다. 하나님 중심의 기독교라야 한다.

그 당시 유태교의 모습은 어떠한가. 유태교를 대표하는 바리새교인들이 행한 태도를 보면, 그들의 태도는 이렇습니다. 자기가 천국 가지 못하는 것뿐 아니라 다른 사람도 천국을 못 가게 하는 사람이라고 합니다. 마태복음 23장 8절에서 10절에, 예수님께서 먼저 너희는 선생이 되려고 하지 말라. 선생은 한 분밖에 안 계시다. 너희는 아버지라고 부름을 받지 말라. 아버지는 하나님밖에 안 계시다. 너희는 지도자가 되려고 하지 말라. 지도자는 그리스도밖에 안 계시다, 라고 말씀하시고, 예수님께서 바리새교인들에게 "화 있을지어다. 너희들은 천국에 들어가지 못할 뿐 아니라 남들도 천국에 들어가지 못하게 한다"고 화를 내셨습니다.

"너희들은 전도하러 온 세상을 두루 찾아다니다가 한 사람이라도 얻으면 그 사람도 천국에 들어가지 못하게 한다. 너희들은 밤낮 성전만 가지고 야단들인데 성전이 하나님의 뜻이 아니다.

너희들은 서로 헐뜯고 싸우는데 싸우는 것이 하나님의 뜻이 아니다. 너희는 정신이 썩은 시체다. 어진 사람들을 핍박하고 양심 있는 사람들을 잡아서 죽이는 것이 너희가 하는 짓들인데, 그러면서 하나님을 믿는다고 말할 수 있겠느냐." 마태복음 23장에서 하신 말씀입니다.

대학교회는 집을 짓지 않는 것이 좋습니다. 교회 짓는 것보다 학교 강당을 짓는 게 좋을 것 같습니다. 월요일부터 토요일까지는 학교 강당으로 쓰고, 일요일은 교회에서 쓰면 좋겠습니다. 고려 말기에 서울이 개성이었는데 절을 8만 9암자나 지었다고 합니다. 절이 8만 9암자가 지어진 후에 개성이 망했다는 것입니다. 자꾸 짓고 돈 내라 하는 것이 하나님의 뜻이 아닙니다. 교회들이 싸우고 갈라져 파쟁하고 기독교 장로교니 예수교 장로교니 하고 밤낮 싸워서야 교회가 되겠습니까. 그 당시 예수님께서 보는 유태교나 바울 선생이 보는 유태교 가지고는 도저히 안 되겠다. 새로운 교회가 있어야겠다. 그래서 나온 것이 복음이요 기독교회입니다.

사람을 구하기 전에 먼저 교회를 구해야 합니다. 언제나 교회가 문제입니다. 교회가 썩으면 사회가 썩게 됩니다. 교회란 사회의 머리이며, 근원입니다. 논이 있으면 논이 사회이고, 모판이 교회라고 생각합니다. 모판 속에서 사람을 길러 가지고 다시 사회에 내놓아야 좋은 사회가 되는 것입니다.

어느 잡지를 보니까 미국 로스앤젤레스에 한국 사람이 많이 살고 있는데 그들이 제일 많이 세운 것이 교회로서 400개나 된다고 합니다. 그런데 한국 사회에 청소년 범죄가 제일 많다고도 기록되어 있었습니다. 교회가 많은데 범죄가 많다, 이것은 말이 안 됩니다. 교회가 많으면 그 사회가 깨끗하고 범죄는 적어야 합니다. 사람들이 정직하고 순박해야 합니다. 한국에 교회가 늘어나면 그만큼 사회가 정직해져야 합니다. 그런데 도리어 부정직해진다는 것은 말이 안 됩니다. 사회를 구원하는 것이 교회지 사회와 떨어진 교회는 교회라고 할 수 없습니다. 교회의 구체화가 사회이기 때문입니다.

예수님께서 "너희는 이 세상의 빛이다. 너희는 이 사회의 소금이다"라고 말씀하셨습니다. 교회가 등불이면 어두운 사회가 밝아져야 되고, 교회가 소금이면 썩은 사회가 새로워져야 합니다. 만일 그렇지 못하다면 어떻게 교회라고 말할 수 있겠습니까. 우리가 빛과 소금의 역할을 해야 교회이지, 교회만 많이 늘어나고 빛과 소금이 못된다면 어떻게 교회라고 말할 수 있겠습니까.

학생들이 교회에서 열심히 찬송 부르다가 시험 칠 때면 남의 시험지를 보고 쓴다면 말이 됩니까. 교회에서 땅을 치며 기도하다가 사회에 나가서는 사기하고 도적질한다면 말이 되겠습니까. 교회란 정직한 사람의 모임입니다. 우리가 교회에서 최소한 정직한 사람은 되어야 합니다. 쉽게 말해서 남을 속이지 않는, 자기의 말을 지키는 사람이 되어야 합니다.

여러분, 우리나라에서 제일 중요한 것이 경제문제 아닙니까. 시장에서 물건을 살 경우에 믿고 살 수 있어야지 믿지 못하면 무엇이 경제입니까. 100원의 물건을 80원에 사가지고 와도 비싸게 사왔다고 합니다. 우리 집 사람이 가서 사오면 60원에 사올 수 있는데 제가 사오면 80원에 사왔다고 합니다. 이것을 어떻게 경제라고 말할 수 있겠습니까.

신촌 있을 때 동대문시장에 가서 베이컨을 사오라고 해요. 그때 베이컨 가격이 180원이었습니다. 집에서 180원이라고 가격을 듣고 갔는데 얼마냐고 물었더니 210원이라고 말해요. 그래서 210원을 주었습니다. 왜 그랬냐 하면, 노자老子에 이런 말이 있습니다. "믿을 수 있는 사람도 믿고, 믿을 수 없는 사람도 믿어라." 그 말 한번 실천하기 위해서였습니다. 그다음에 가서도 또 210원을 주었습니다. 그다음에도 또 210원을 주었습니다. 몇 번 깎지를 않았습니다. 그 사람이 나중에는 나를 보고 "당신 요전에 와서 사지 않았습니까." "그런데요." "사실 180원인데 더 받았습니다. 다음에는 절대로 더 받지 않겠습니다." 그다음부터는 무엇이나 싸게 살 수 있었습니다.

믿을 수 있어야 합니다. 믿음이라는 것이 뭐 하늘을 믿는 것만이 믿음입니까. 물건을 하나 사도 믿을 수 있어야 하지 않겠습니까. 바가지를 어떻게 믿을 수 있겠습니까.

그다음에 중요한 것이 정치문제입니다. 이승만 박사도 정동교회 장로였습니다. 그 사람이 3·15 부정선거를 했습니다. 백성을 속여 그렇게 할 수 있습니까. 유권자는 9천 명인데 만 2천 표가 나온 곳도 있었습니다. 어떻게 대통령이 그런 짓을 할 수 있습니까. 그렇게 하고 어떻게 정부를 믿으라고 하는 것입니까. 거짓말은 한마디도 하지 말아야지 한 번이라도 거짓말을 하면 자꾸 하게 됩니다. 처음부터 정직하게 나아가야 합니다. 자기가 한 말은 지켜야 합니다.

11시에 예배를 시작하기로 했으면 11시에 예배를 시작해야 합니다. 사람들이 아직 덜 나왔으니 15분 기다렸다가 시작하자 하고 늦게 시작하면 안 되는 것입니다. 언제나 정해 놓으면 지켜야 합니다. 무엇이든지 자기가 지키겠다고 말했으면 지켜야 합니다. 남을 속이지도 않아야 합니다.

누가 봐도 그 사람 믿음이 있다고 말하는 것도 중요하지만 하나님이 우리를 믿는 것도 중요합니다. 하나님이 우리를 믿을 수 있어야 합니다. 내가 대통령을 아는 것이 중요한 것이 아니라 대통령이 나를 아는 것이 중요합니다. 대통령 모르는 사람이 어디 있습니까. 대통령이 나를 알아야 합니다.

우리가 하나님을 믿는 것이 중요한 것이 아니라 하나님이 나를 믿는 것이 중요합니다. 내가 하나님 앞에서 양심에 한 점 거짓이 없다고 되어야 합니다. 쉽게 말해서 정직해야 됩니다. 기독교를 믿는 사회는 기독교를 믿는 사람 때문에 사회가 정직해져야 합니다. 부정부패가 끊이지 않고 교회에서 찬송가 소리만 커지만 무엇합니까. 언제나 우리는 사회의 등불이 되어야 합니다. 우리가 정직해야 사회가 정직해지고 우리가 깨끗해야 사회가 깨끗해집니다.

종교는 언제나 도덕이 핵심이 되어야지, 도덕과 연결되지 않는 종교는 미신이지 종교가 아닙니다. 사회와 연결이 되어야 합니다. 도덕과 연결된 종교가 산 종교이며, 그것 없이 한 쪽에서만 떠들면 무엇합니까.

우리가 예수님을 믿으면 예수처럼 되려고 노력해야 합니다. 우리가 예수님을 믿으면 정직한 사람이 되어야 합니다. 기독교가 늘어감에 따라 사회가 자꾸자꾸 정직해져야 합니다. 시장에 가서도 마음 놓고 살 수 있도록, 정부 관료들도 마음 놓고 믿을 수 있도록 되어야 합니다.

3·1운동 때에 유교는 참가하지 못했습니다. 불교에서 대표자 2명, 천도교에서 15명, 기독교에서 16명이 나왔는데, 유교정권의 부패 때문에 한 명도 나오지 못한 것입니다. 유교도는 벼슬자리를 팔며 싸운 때문입니다. 유교도는 관청에서 돈 없으면 관직을 팔아먹었습니다. 요즘 뇌물보다 더하지요. 그것은 관리가 되는 것보다도 비석에 새겨서 후손을 속이기 위한 것입니다.

이것이 유교였습니다. 이 비슷한 것이 유태교입니다. 그런데 지금 우리 교회가 또 유태교와 비슷해 간다는 것입니다.

바울은 썩은 유태교, 예수를 죽이는 유태교 가지고는 안 되겠다는 것입니다. 기독교라야 한다. 왜 기독교라야 하는가. 살아있었기 때문입니다. 정직하고 발전적인 종교였습니다. 십자가처럼 정직하고, 부활처럼 발전적인 종교였습니다. 새로운 기독교회는 진리와 생명으로 차 있었습니다. 하나님의 사랑이 구체화된 것이 예수 그리스도요, 예수 그리스도의 구체화가 초대 교회요, 초대 교회의 구체화가 기독교 공동체였습니다. 이 공동체가 로마사회를 혁신하고 야만사회를 교화시켰습니다. 그래서 새로운 사회가 나오게 됩니다.

하나님의 의는 하나님의 사랑의 구체화인데 그것이 예수 그리스도요, 예수 그리스도의 구체화가 예수 그리스도의 몸 된 교회며, 이 교회의 구체화가 기독교 공동체요, 기독교 공동체의 구체화가 하나님의 의가 구현된 새로운 정의사회입니다. 나는 한국 교회가 한국 사회를 새롭게 못한다면 그리스도의 몸 된 교회가 아니라고 생각합니다.

우리가 일요일만 기독교인이 되고, 월요일부터는 비기독교적인 생활을 해서는 안 됩니다. 일요일이나 월요일에서부터 토요일 모두가 기독교인의 생활이 되어야 합니다. 우리는 이 사회의 빛이며 소금입니다. 기독교인은 청렴하고 깨끗해야 합니다. 그러려면 우리는 진리를 실천하는 구체적인 삶을 가져야 합니다. 하나님과의 올바른 관계를 맺어야 합니다.

사도 바울은 죄를 음란과 교만과 반역이라고 했습니다. 죄라는 것은 하나님과 올바른 관계를 맺지 못한 것입니다. 하나님과 올바른 관계란 죄를 벗어나는 것입니다. 음란과 교만과 반역에서 벗어나는 것입니다. 물질주의와 독재주의와 인본주의에서 벗어나는 것입니다.

돈에 빠지고 권력에 눈멀고 세속에 뒤집힌 현대인은 마치 진흙에 빠져서 햇볕을 등진 거북을 연상합니다. 어떻게 우리가 거북의 신세를 벗어나 눈을 뜨고 진흙을 버리고, 물 위로 떠올라오고, 또 뗏목을 만나서 나의 태도가 뒤집혀 태양을 볼 수 있느냐, 그것이 하나님의 힘이라는 것입니다. 하나님께서 배꼽에 눈을 달아 주어야 거북은 빛을 찾아 물 위로 떠올라오고, 마침내 바다를 떠다니는 뗏목에 붙어서 태양을 향하게 되고, 뗏목에 뚫린 구멍과 배꼽 눈이 마주쳐서 태양을 본다는 이야기가 있습니다. 배꼽 눈은 성령, 뗏목은 그리스도, 태양은 하나님, 이것이 하나님과의 올바른 관계라는 것입니다. 성령으로 눈이 뜨고, 그리스도를 통해서 순종을 배우고, 하나님의 사랑으로 진흙을 벗어나야 하나님과 올바른 관계를 가질 수 있습니다.

하나님과 올바른 관계가 신의요, 하나님의 구체적인 사랑이 그리스도요, 그리스도를 통해서 회개한 사람들이 모인 것이 교회요, 이 교회를 통해서 밝은 사회가 된 것이 새로운 사회입니다. 하나님의 사랑의 구체화는 그리스도요 교회요 사회입니다. 하나님의 사랑을 느끼고, 그리스도의 사랑을 느끼고, 내가 새로워지고, 나로 인하여 교회가 새로워지고, 교회를 통하여 사회가 새로워집니다.

우리는 교회라고 할 때 대학교회 같은 교회가 아닙니다. 두세 사람이 모이면 어디에나 교회입니다. 우리 가정도 교회고, 친구와 만난 곳도 교회입니다. 촛불이 비치면 어디나 밝듯이 그리스도가 계신 곳이 어디나 교회요, 그리스도인이 있는 곳이 어디나 교회입니다. 내가 서 있으면 그곳이 밝아서 교회가 되어야지 내가 서 있어도 그곳이 어둡다면 말이 됩니까.

내가 있는데 이 사회가 깨끗해져야지 내가 있어도 사회가 더럽다면 말이 됩니까. 하나님의 말씀의 구체화가 그리스도요, 그리스도의 구체화가 교회요, 교회의 구체화가 사회입니다. 결국 내가 하나님의 말씀을 깨닫고 그것을 실천하는데 하나님의 사랑이 구체화가 되는 것입니다. 하나님의 말씀이 그리스도요, 그것을 깨닫는 것이 교회요, 그것을 사는 것이 하나님의 나라입니다. 하나님의 나라는 하나님의 구체화, 그것이 하나님의 정의라는 것입니다. 하나님의 나라는 하나님의 정의의 구현입니다. 하나님의 구체적인 사랑이란 진리의 자각과 정의의 구현입니다. 이것이 십자가와 부활이요, 십자가와 부활이 하나님의 구체적 사랑입니다.

　하나님의 구체적 사랑은 예수 그리스도요, 예수 그리스도로 거듭난 나요, 내가 속한 성령이 충만한 교회요, 이 교회를 통해 거듭난 사회요, 그것이 하나님의 나라입니다. 예수님께서 "뜻이 하늘에서 이루어진 것처럼 땅에서도 이루어지이다" 하는 기도는 구체적으로 우리의 삶입니다. 우리는 하나님의 정의를 드러내기 위하여 사는 것입니다. 하나님의 정의가 구체화된 세계, 그것을 우리가 만들기 위해서 사는 것입니다.

　예수님은 하나님 나라는 벌써 왔다고 전합니다. 그것이 복음입니다. 우리가 하나님 나라를 실현하려고 애쓰는 것도 사실이지만 눈을 뜨고 보면 하나님 나라는 벌써 와 있는 것도 사실입니다. 오늘의 태양은 영원히 빛나고 있습니다. 눈을 뜨고 보면 이 세상은 이미 하나님의 나라입니다. 눈을 뜨고 보면 거리에 성인들만 가득 차 있습니다.

　"천국이 여기 있다, 저기 있다 하지 말라. 천국은 너희 안에 있다." 천국은 어디에나 있습니다. 그리스도 계신 곳, 그곳이 천국입니다. 초막이나 궁궐이나 주 예수 계신 곳이 어디나 하나님의 나라입니다.

　하나님의 사랑은 어디에나 구체적으로 나타나 있습니다. 해도 달도 산도 바다도 하나님의 사랑 아닌 것이 없습니다. 우리가 마음을 닫으면 지옥이요, 열면 천국입니다. 마음만 열면 어디나 하나님의 구체적인 사랑입니다. 우리는 구체적인 사랑 속에서 살고 있는 것입니다.

역사 즉 신앙

1983년 6월 26일

로마서 4:1~25

"아브라함은 하나님을 믿었고, 하나님께서는 그의 믿음을 보시고 그를 올바른 사람으로 인정해 주셨다." 올바른 사람으로 인정하셨다는 말씀은 비단 아브라함만을 두고 하신 것이 아니라 우리를 두고 하신 말씀이기도 합니다.

오늘 제목은 〈역사 즉 신앙〉인데 '역사는 즉 신앙이라' 는 말입니다. 신앙을 가졌다는 것은 역사를 가졌다는 말과도 같습니다.

로마서 4장에는 아브라함의 신앙이 나오는데 거기에 대해 이야기하려고 합니다. 아브라함은 역사를 가졌고, 역사를 믿었던 것입니다. 기독교인의 신앙의 독특한 점은 신앙이 곧 역사라는 것이며, 그것을 모르면 우리가 기독교인이라고 할 수 없습니다.

흔히 역사는 사건 때문에 생긴 것입니다. 사건이 없으면 역사는 없습니다. 8·15 사건, 3·1 사건, 이성계 사건, 임진왜란 사건 모두가 다 사건입니다. 단군이 우리나라를 세운 것도 역시 사건이고, 프랑스 혁명도 하나의 사건입니다.

예수님께서 이 세상에 오셨던 것은 인류에게 있어서 가장 큰 사건이었습니다. 그래서 역사를 기록할 때 예수님이 난 해를 기원 1년으로 삼습니다. 올해는 1983년이므로 이 인류에게 가장 큰 사건이 있었던 해는 1983년 전입니다.

6·25는 33년 전의 사건이고, 8·15는 38년 전에 일어난 사건이라고 했는데 그런 사건들이 없으면 역사는 성립이 되지 않습니다.

우리가 신앙을 가졌다는 것은 우리 생애 속에서 사건을 가지는 것입니다. 우리 생애 속에 사건이 없으면 우리가 신앙을 가졌다고 할 수 없습니다.

그러면 이 사건이란 어떤 사건인가. 내가 다시 난 사건입니다. 예수가 이 세상에 나듯이 내가 다시 난 사건, 즉 '거듭나는 사건'이라고 할 수 있습니다. 이 사건이 없으면 내 생애라는 것은 역사가 이룩되지 않습니다. 우리가 예수를 믿는다는 것은 내 생이 하나의 역사가 된다는 것입니다. 그러므로 예수를 믿는다는 것이 얼마나 중요한지 모릅니다.

내 생애가 하나의 역사가 되지 않으면 그것은 예수를 믿는 것이 아닙니다. 내 생애 사건이 생겼는데 그 사건이란 것이 무엇인가 하면, 로마서 4장에 아브라함은 자기의 아들, 이삭이 죽을 운명에서 살아나는 것을 보았고, 자기 아내 사라의 죽었던 태에서 다시 새싹이 트는 것을 보았습니다. 모두 놀라운 사건이요, 하나님의 힘이요, 역사의 힘이었습니다.

기독교의 핵심은 부활입니다. 부활이 뭔가 하면 죽었다가 다시 사는 것입니다. 아브라함의 믿음이 뭔가 하면 하나님의 힘을 믿는 것이며, 그 힘을 통해서 일어나는 역사와 사건을 믿었다는 것입니다. 더 쉽게 말하면 아브라함의 생애가 하나의 기적이요 사건이며 역사입니다. 아브라함이 없었으면 유태교도 없었을 것입니다.

세계에서 산 종교 하면 2, 3개를 들 수 있는데, 산 종교라는 것은 선교사를 파견하여 전도를 하는 것을 뜻합니다. 2개를 든다면 마호멧 교와 기독교를 듭니다. 마호멧 교는 아프리카에 선교사를 보내서 많은 전도를 합니다. 우리 기독교의 전도는 말할 것도 없습니다. 결국 선교사를 보낸다는 것은 살아 있는 종교라는 것입니다. 그렇지 않으면 속이 썩었다는 것입니다. 유교가 어디 선교사를 보냅니까. 그렇다면 세계에서 산 종교는 마호멧 교와 기독교뿐이라 보아도 과언은 아닐 것입니다.

또 조금 민족주의라고는 하지만 자꾸 역사와 문제가 되는 것은 이스라엘의 유태교입니다. 물론 예수님도 유태교인입니다. 그러니까 아브라함에게서 종교가 세 개나 나왔는데 기독교, 유태교, 마호멧 교라고 할 수 있고, 이런 연유로 기독교에서도, 마호멧 교에서도 유태교에서도 구약을 믿습니다.

또 어떤 사람은 이렇게 말하기도 합니다. 세계의 인구를 삼등분하면 삼분의 일은 기독교를 좇는 사람이고, 삼분의 일은 공산주의를 좇는 사람이고, 또 삼분의 일은 아인슈타인을 좇는 사람이라고 말하는 사람들도 있습니다. 과학 하는 사람은 아인슈타인을 따르고, 철학하는 사람은 마르크스를 따르고, 종교 하는 사람은 예수를 좇는다는 것입니다. 그러나 그 세 사람 모두 아브라함의 자손들입니다. 이렇게 보면 아브라함은 보통 사람이 아닙니다. 그리고 이 아브라함의 신앙이 곧 역사라는 겁니다.

역사철학하면 기독교밖에 없습니다. 근대의 역사철학을 쓴 사람이 헤겔인데, 가톨릭 철학자입니다. 맨 처음 역사 철학자는 어거스틴입니다. 역사라는 것은 다분히 기독교적인 것입니다. 불교에는 역사라는 것이 없습니다. 기독교의 특징이 역사라고 했는데 그렇다면 우리의 신앙이 역사와 관계가 있어야 할 것입니다.

「주보」 2면부터 읽겠습니다. 봉건제도와 사대주의에 갇혀 꼼짝도 못하고 살던 정다산은 우리나라에서 맨 처음 기독교인이라서 그 당시 18년이나 유배생활을 했었습니다. 한 번은 봉건제도가 깨져나가 사대주의가 뿌리 뽑힐 날을 빌면서 자기의 안타까운 심정을 토로해 보기도 합니다. "안타깝다. 우리나라 사람들이여, 좁은 우리 속에만 갇혀 있구나. 삼 면은 바다로 둘러싸이고, 북쪽은 높은 산이 사지를 꼬부리고 누워 있으니 큰 뜻을 언제나 펴볼 수 있으랴. 성현은 아직도 만 리 밖에 있으니 누가 능히 이 어둠을 밝혀 주리요."

성현聖賢이란 말은 솔직히 예수라는 말입니다. 그 당시에는 예수라고 쓸 수가 없으니까 성현이라고 했습니다.

"머리 들고 온 누리 바라보아도 보이는 것은 안개만 가득할 뿐이로다. 남 섬겨 흉내 내기 급급하다가 제 정신 차려 만들 틈이 없구나. 어리석은 무리들은 천자 하나 떠받들고 고함질러 모두 같이 절을 하잔다 — 독재요, 전제군주지요 — 도리어 순박하던 단군시대에 내가 났더라면 꾸밈없는 그 시절만이 얼마나 좋았을까."

다산은 말세에 태어난 것을 분하게 생각했는지도 모릅니다. 그러나 이 나라에 봉건주의는 가고, 사대주의는 찾을래야 찾을 길이 없습니다. 이건 내가 쓴 말인데 사실 그런지는 여러분이 짐작하세요.

"다산이 백 년을 늦게 태어났다면 오늘의 이 나라를 얼마나 대견스레 생각했으랴. 봉건주의 무덤 헤쳐 자유의 싹이 트고,

사대의 구름 헤치고 민주의 빛이 밝다. 내가 빛이고 싹이니 겨울인들 오래 갈까. 우리의 봄은 오고 있다. 16세기 이탈리아에 온 봄이 17세기 불란서를 거쳐, 18세기는 독일이 차지하여 꽃을 피우고, 19세기는 영국이 차지하여 온 땅 위에서 해지는 그림자를 보지 못하더니, 20세기는 미국이 차지하고, 21세기는 일본이 받아가져 해를 돋운다. 22세기는 한국의 시대로 세계에서 한국이 가장 훌륭한 나라가 될 것이다."

이게 저의 믿음입니다. 아브라함이 믿는 그 믿음, 그게 나의 믿음입니다. 난 그때는 한국의 서울은 여기가 아니라고 생각합니다. 고구려 때의 서울, 지금 남의 땅처럼 생각하는 만주, 거기가 우리의 본토입니다. 봉천, 지금은 심양이라는 부근이 우리 서울이 될 것입니다. 고구려왕들의 무덤도 그곳에 많이 있습니다. 여러분도 잘 아는 광개토왕비도 그곳에 있습니다. 그곳에 가야 우리의 땅입니다. 우리는 지금 안방도, 건너 방도 세를 주고, 대문간 방에 와서 살고 있는 것입니다. 우리가 조금 넉넉해지면 전세를 빼주고 건너 방, 안방으로 들어가게 될 것입니다. 그게 22세기에 될 것이라고 생각합니다. 난 그걸 확실히 믿습니다. 그걸 안 믿으면 난 기독교인이 아닙니다. 그걸 믿기 때문에 나는 기독교입니다.

나는 우리나라에 대해서 상당한 희망을 가지고 있습니다. 유태사람들은 무엇입니까? 그들은 언젠가는 자기들의 본향으로 돌아갈 것을 믿었습니다. 주후 70년에 팔레스티나를 나온 그들이 1900년 후에 다시 되돌아갔습니다. 그래서 죽을 결심을 하고 지금 지키는 것입니다. 그들은 아브라함의 약속을 믿기 때문입니다. 반드시 그 땅을 차지해서 이 세상에서 가장 아름다운 나라로 만들어 하나님의 뜻을 온 세계에 편다는 것이 그들의 믿음입니다.

유태사람들의 믿음은 팔레스타인으로 돌아가는 것이고, 나의 믿음은 우리 고국으로 돌아가는 것입니다. 고구려의 옛 땅으로 돌아가는 것입니다. 고구려의 옛 땅이 우리의 본토입니다. 이것을 가장 주장했던 사람이 도산 안창호입니다. 도산 선생의 전기를 읽어보면 그 말이 나옵니다. 우리는 우리 고구려를 찾아야 한다. 또 우리의 망명 정부를 세울 때도 하와이나 로스앤젤레스가 아니고 망명기지를 만주, 우리의 안방에서 그 혁명 기초를 마련해야 한다고 주장했던 사람이 도산 안창호입니다. 난 도산의 생각이 정말 그럴듯하다고 생각합니다.

우리의 본토로 가야 됩니다. 그때 우리의 국경은 중국과 소련이 될 것입니다. 흑룡강이 우리의 국경입니다. 우리는 본래 몽고족입니다. 그래서 이쪽 동부에 와서 산 사람들 아니겠습니까. 우리가 우리 땅을 회복하기 전에는 우리가 현대 국가를 이룩할 수 없습니다. 만주에는 무진장의 광물이 숨겨져 있습니다. 현대 국가를 이룩할 현대 과학에 필요한 자원이 얼마든지 있다는 것입니다. 이제 그 땅이 꼭 우리의 것이 될 것입니다.

22세기는 한국의 시대, "한글이 춤을 추고 말씀으로 목숨 길러 참뜻 이루어질 때 봄바람은 물 위에 불어 살랑살랑 흔드네. 뱃머리를 돌이켜 키를 잡아, 강 언덕을 떠나서 흐르는 물여울 소리에 노 젓는 소리 안 들린다. 강가에는 벌써 푸른 잎이 물 위에 떠돌고 강변에는 실버들이 노랗게 피어났네. 점점 서울이 가까워 보이니 삼각산 높은 바위가 춤을 추누나."

여기까지 다산이 썼습니다. 그런데 6·25라는 사건도 그저 생긴 것이 아닙니다. 미·소라는 군사적 대결 때문에 생긴 것입니다. 결국 그것은 세계적인 문제이지 우리의 책임이 아닙니다. 세계적인 이유로 그은 것이지, 우리가 그은 것이 아닙니다. 그러니까 우리는 지금 세계 역사 속에 들어가 있는 것입니다. 그것은 우리 한국이 세계적인 한국이 되게 하기 위해서 그렇게 된 것입니다.

1945년, 지금부터 38년 전 8·15에 해방이 되었는데, 나는 해방 전에 일본에 있었습니다. 8월 9일, 일본에 원자탄이 히로시마에 떨어졌고, 그때 신문에는 충격이 클까봐 기사화하지는 않고 그저 괴이한 폭탄이 터졌다고만 냈기에 사람들은 웬만큼 큰 폭탄이 터졌구나 하고 상상만 했을 뿐입니다. 내가 8·15에 히로시마를 지나가게 되었는데 알아보니까 사람이 19만이 죽었다고 하였습니다. 도시엔 아무것도 없습니다. 동경에 B29가 그렇게 많이 폭격을 해도 전신주라든지 그밖에 무엇이 있기는 있는데, 그곳에는 아무것도 남아 있지 않았습니다. 그곳에서 십리, 이십 리 떨어진 곳의 집들도 남향으로 되어 있던 것이 동향으로 돌아섰다고 했습니다. 13킬로짜리 원자탄이었다고 하는데, 그게 그렇게 무서운 것인지는 우리는 상상조차 하지 못했지요. 그렇지만 이번에 떨어뜨리려고 하는 것은 수소탄인데 그것은 200메가톤이라고 합니다. 200메가톤, 만약 그것이 한 번 떨어지면 한국 같은 것은 없어지고 말 것입니다. 하여튼 히로시마를 지나서 8월 18일에 평양에 도착했는데 그 기차 안에는 만주로 들어가는 일본 군인들이 계속 밀려들고 있었습니다. 군인들은 아직도 계속 북쪽으로 가고 있었습니다.

평양에 도착해서 제일 처음 만난 사람이 조만식 선생이었습니다. 조만식 선생님을 만나고 나서 평양에서 백이십 리 떨어진 곳에 우리 집이 있었기에 그곳을 찾아갔더니 집은 텅텅 비어 있었습니다. 그래서 우리 교회를 찾아갔습니다. 우리 교회는 아주 작은 교회였습니다. 모두들 반가워 하면서 이구동성으로 해방은 미국이 시켜준 것도 아니고, 소련이 시켜준 것도 아니고, 하나님께서 주신 것이라고 하더군요. 정말 8 · 15라는 역사적인 사건은 그저 하나님께서 우리에게 준 것입니다.

로마서 4장을 보면 은혜를 받았다는 말이 자꾸 나오는데 정말 한국이라는 땅덩어리가 은혜를 받은 것입니다. 교인들은 너무 감격해서 교회에서 특별집회를 하자고 제의했습니다. 그러나 그 당시에는 웬만한 목사님들은 잡혀가고, 숨어 있고 해서 목사님을 모셔오기가 여간 힘든 일이 아니었습니다. 그러던 중 우리 마을에서 십 리 떨어진 마을인 노하리 교회에서 부흥회를 시작했다는 소문을 들었습니다. 그 교회에 오신 분을 우리 교회에도 모셔와야겠다고 생각하고는 어떤 분인가를 알기 위하여 내가 부흥회에 참석하기로 했습니다. 부흥회에 참석키 위해 그 교회까지 1주일을 왔다 갔다 했습니다. 그분은 목사님이 아니라 용강군 용월면 교회의 전도사님이었습니다.

마지막 날이었습니다. 부흥회가 12시가 넘어 끝났기 때문에 서둘러 돌아오려고 하는데 자꾸 나에게 자고 가라고 권하셨고, 그래서 저는 김인호 장로님 집에서 그날 밤을 자게 되었습니다. 그때 전도사님이 나에게 이런 말을 했습니다. 자기는 언제나 하나님께 한국을 버리시지 말고 다시 살려주십사는 내용의 기도를 하고 있다고 하시더군요.

그때는 한국의 크리스천이라면 다 그런 기도를 드리지 않을 수 없었습니다. 죽었던 한국을 살게 해달라고 기도했습니다. 부활의 기도입니다. 1945년 4월 9일 여느 때와 마찬가지로 새벽 기도를 드리는데 비몽사몽간에 교회 담벼락에 빛이 환하게 비치더니 우리 한반도가 나타나고 가운데 3·8선이 그어졌다고 합니다. 밑은 따뜻한 분위기요, 위는 싸늘한 분위기가 되더니 밑에서는 무궁화 한 송이가 피어나 서쪽으로 기울어지고, 북쪽 시베리아에서는 호랑이 한 마리가 기어 나오는 것을 보았는데 그 호랑이 바람에 그만 영상은 사라지고 그는 깨어나고 말았답니다. 그것이 꿈인지 무엇인지는 잘 모릅니다. 그는 그것을 하나님께서 주신 계시라고 생각하였습니다.

또 엎드려서 자꾸 기도를 하는데 또 다시 그림이 나타났는데 마치 바울 선생이 기도하다가 삼층천에 올라갔다고 하듯이 이번에도 담벼락에 한반도가 나타나고 3·8선의 선이 더욱 뚜렷해지고, 만리장성같이 자꾸 높아지더니 북쪽의 호랑이가 남으로 조금씩 내려와 드디어 압록강을 건너 내려오자 북쪽 사람들이 그 벽을 넘으려고 막 애를 쓰는 것이 보였다고 하였습니다. 결국 호랑이는 3·8선의 벽을 넘어서고 말았고, 남쪽 사람들이 앞을 다투어 밀려 내려갔는데 대만 북쪽 남지나해 근방에서 큰 사람들이 7, 8명이 물 위에 쓱 나타나더니 우리 한반도로 올라와서는 그 호랑이를 차츰 몰아서 북쪽으로 쫓아 큰 우리 속에 가두더라고 했습니다.

꿈에서 깨어난 그때는 그것이 뭔지 잘 몰라서 계속 기도를 하는데 또 꿈을 꾸게 되었습니다. 갇혀 있던 호랑이가 다시 뛰어 나와서 남을 향해 내려 오기에 있는 힘을 다해서 그 호랑이와 싸웠더니 마침내는 그 호랑이는 쓰러지고 말았다고 하더군요. 그분도 너무 지쳐서 쓰러져서 얼마나 잤는지 모르는데 눈을 떠보니 많은 사람들이 태극기를 흔들면서 만세를 부르고 있더라고 하더군요.

이처럼 세 꿈을 꾸었다고 하는데 그때는 아직 3·8선이 막히기 전이라서 아무리 생각해도 그것이 무얼 의미하는지 몰라 나에게 그 꿈에 대해 물어왔습니다. 그 당시에는 우리 면에서 대학에 다닌 사람은 나 혼자뿐이었고, 대학에 다니면 그런 꿈도 다 아는 줄 알고 나에게 해몽을 부탁하셨던 것입니다. 그 후 몇 달 후에 3·8선이 막혔습니다. 나는 그곳에서 중고등학교 교장을 하고 있었는데 그때 그 전도사가 다시 찾아와 어떻게 하겠느냐고 묻기에 남으로 내려가겠다고 하였더니, 자기는 끝까지 거기에 남아있겠다고 하더군요. 나는 넘어와서 이 말을 여러 번 했습니다.

6·25사건도 우연이 아닙니다. 이것은 하나의 역사입니다. 우리 역사에 하나님의 힘이 움직이고 있는 것을 느낍니다. 우리 역사는 단순한 정치사가 아닙니다. 이 역사를 통해서 하나님의 크신 뜻이 이루어지리라고 생각합니다.

십자가와 부활

1983년 7월 3일

로마서 5:1~11

  고통은 인내를 낳고, 인내는 시련을 이겨내는 끈기를 낳고, 그러한 끈기는 희망을 낳는다. …… 그리스도께서는 우리 죄 많은 인간을 위해서 죽으셨습니다. 이리하여 하나님께서는 우리들에게 당신의 사랑을 확실히 보여주셨습니다. 우리가 이제 그리스도의 피로써 하나님과의 올바른 관계를 얻었으니 그리스도의 덕분으로 하나님의 진노에서 벗어나게 될 것은 너무나 분명합니다.

  우리는 예수 그리스도를 통해서 하나님과 올바른 관계에 서게 되었습니다. 왜냐하면 예수 그리스도가 우리의 죄를 대신해서 십자가에 못 박히셨기 때문입니다. 우리가 예수 그리스도를 통해서 하나님과 올바른 관계에 서게 되었으니 앞으로는 생명으로 우리를 더 행복하게 해주시지 않겠느냐는 말씀입니다. 얼마 전까지만 해도 십자가는 속죄의 의미로 그리고 부활은 구령 救靈의 의미로 많이 쓰였습니다.

그러나 오늘은 십자가를 독립, 부활을 통일이라는 의미로 써 보겠습니다. 지난 시간에 신앙은 곧 역사라는 말을 했는데, 오늘은 신앙은 곧 국가라는 말을 해보겠습니다.

「주보」의 글을 읽어 보겠습니다.

애급에서 갖은 천대와 멸시를 받던 사람들이 홍해를 건너와 40년 동안 광야에서 어려움을 겪으면서도 그들은 발걸음을 계속 옮겨 가나안 땅에 이르고야 말았다. 그러나 젖과 꿀이 흐른다는 가나안 복지에 들어간 그들에게는 조국의 건설과 민족의 통일이라는 거대한 쓴 잔이 기다리고 있었다.

왜놈들에게 풀려나와 해방된 우리의 신세도 마찬가지이다. 해방이 되었다고 문제가 해결되는 것도 아니고, 통일이 앞으로 된다고 해서 문제가 없어지는 것도 아니다. 우리는 더 어려운 조국의 건설과 더 큰 민족의 통일을 달성하기 위하여 수없이 눈물을 흘리고 땀을 흘려야 할 것이다. 우리의 사는 길은 그 길 밖에 없다.

조국의 건설과 민족의 통일統一은 우리의 지상 과제다. 그것을 해내면 우리는 살고 못 해내면 우리는 죽는다. 우리는 역사에서 영원히 떨어져 나가고 만다. 우리는 살아야 한다. 우리는 계속해서 끝까지 살아남아야 한다. 한 걸음 한 걸음 우리의 문제를 해결해

가면서 우리의 발걸음을 옮겨야 한다.

　우리의 어려움이 어려우면 어려울수록 우리의 지혜는 더욱 빛날 것이다. 우리의 과업이 크면 클수록 우리의 사랑은 더욱 넓어질 것이다. 우리가 찾는 것은 양젖과 벌꿀이 아니라 지혜의 젖과 사랑의 꿀이다. 이 젖과 꿀은 가나안 복지에서 얻을 수 있는 것이 아니라 조국의 건설과 민족의 통일을 이루는 속에서 얻어질 수 있는 것이다. 역사를 이룩하는 과정에서 얻어진 지혜와 사랑을 가지고 젖과 꿀이 흐르는 조국을 건설하고 민족을 통일할 수가 있다. 이 젖과 꿀을 가지고 우리는 세계를 밝히고 세계를 기름지게 할 수가 있다.

　양의 젖과 벌의 꿀은 가도, 지혜의 젖과 사랑의 꿀은 영원하다. 역사의 시련에 이긴 자는 지혜의 젖과 사랑의 꿀을 얻을 수 있다.

　나라에 있어서 제일 중요한 것은 독립이고 통일인데 그 독립을 달성하기 위해서 필요한 것이 지혜이고, 통일을 이루기 위해서 필요한 것이 사랑이란 말입니다. 우리나라의 역사도 마찬가지입니다. 미국의 백악관의 호수 앞에는 조지 워싱턴을 기념하는 오벨리스크가 우뚝 서 있고, 국회의사당 근처에 링컨이 앉아 있는 기념관이 있습니다. 미국의 조지 워싱턴과 링컨은 미국의 독립과 통일의 거인입니다.

　역사에서 가장 중요한 것은 독립과 통일이라는 것입니다. 우리도 독립을 했습니다. 남은 것은 통일입니다. 이 독립과 통일이라는 말을 기독교식으로 하면 십자가와 부활이 됩니다.

십자가는 쉽게 말해서 독립정신입니다. 개인의 역사에 있어서나, 국가의 역사에 있어서나, 세계의 역사에 있어서 역시 중요한 것은 독립정신이라고 말할 수 있겠습니다. 우리 사람이 꼿꼿하게 서 있다는 것, 그것이 가장 중요한 게 아니겠습니까. 모든 동물이 기어 다녀도 사람은 서 있습니다. 이것은 사람의 가장 중요한 자격 중에 하나입니다. 그러므로 사람이 선다고 하는 것은 곧 '나'라는 것을 세운다는 것과도 통하고, 이것이 사람의 노력, 어려움 가운데 가장 큰 것이 아닌가 생각됩니다.

그렇기 때문에 '나'가 있어야 사람 구실을 할 수 있다는 말이 나오는 것입니다. 사람 구실을 한다는 것이 곧 나를 세울 수 있다는 것입니다. 그러니까 나를 세운다는 것은 사람이 되기 위한 필수조건이 되는 것입니다. 그리고 '나'가 일단 서고 나면 사람은 혼자서는 살지 못합니다. 같이 손잡고 삽니다. 그래서 인간을 사회적 동물이라고 하는가 봅니다.

국가의 건설과 세계의 통일은 우리의 삶에 매우 중요한 것입니다. 우선 우리는 서야 하고, 그리고 다른 사람과 손잡고 함께 일하고, 함께 즐겁게 살아야 합니다. 이것이 바로 통일입니다. 나라의 경우도 마찬가지입니다. 우선 독립이 되면 서로 손잡고 같이 살아야지 그렇지 못하면 싸움이 되는 것입니다. 전쟁이 나면 많은 사람들이 죽습니다. 우린 남북통일이 되어야 함께 즐겁게 살 수가 있습니다.

그런데 서기 위해서 필요한 것은 지혜이고, 함께 살기 위해서 필요한 것은 사랑입니다. 십자가는 서기 위해서 꼭 필요한 조건입니다. 부활이라고 하는 것은 함께 살기 위해서 필요한 조건입니다. 결국 이 두 가지가 인생의 핵심이요, 기독교의 핵심이 되는 것입니다. 하나님을 사랑하는 것이 십자가요, 이웃을 사랑하는 것이 부활입니다.

십자가와 부활은 기독교의 교리라고 하기보다는 인생의 핵심이 되는 것입니다. 사람이 선다고 하는 문제를 생각해 보기로 합시다. 왜 짐승은 서지 못하고 사람은 서느냐? 이것은 사람의 머리가 동물과 다르기 때문입니다. 그것은 바로 인간이 무거운 뇌를 가졌다는 말입니다. 아기들이 머리가 무거워 버둥거리는 것을 우리는 봅니다. 동물의 머리는 가볍습니다.

사람은 하늘을 향해 머리를 들고 다닙니다. 이 일이 왜 가능한가? 바로 정신이 있기 때문입니다. 이 정신이라는 것이 사람을 서게 합니다. 심리학적으로 말하면 의식이 되고, 의학적으로 말하면 뇌와 신경이라 합니다. 뇌와 신경이 바로 되어 있으면 우린 맘대로 서고 일할 수 있지만 뇌와 신경을 다치면 우린 꼼짝도 하지 못합니다. 우리가 움직이는 것은 우리의 몸에 의해서가 아니라 신경에 의해서란 말입니다. 그러므로 내가 서 있다는 것은 바로 정신이 서 있다는 것이 되는 것입니다.

육체는 살입니다. 고로 사람이 육체로 산다면 항상 누워 있어야 할 것입니다. 사람은 뱀과 가장 가깝습니다. 그래서 창세기에 보면 뱀의 유혹을 받는다는 말도 있지 않습니까. 중국 사람은 자기라고 할 때에 '기己'라고 쓰는데, 그것도 뱀[巳] 자와 비슷하지 않습니까. 즉 사람이란 것도 정신이 빠져 나가면 뱀과 하나도 다를 것이 없다는 말입니다. 뱀이 똑바로 서는 방법은 올라가는 것밖에 없습니다.

내가 정직한 사람이 되어야겠다, 이 말은 곧 정신이 곧아지는 것을 말하며 또한 하나님과 올바른 관계를 맺는다는 말이 됩니다. 태양이 당겨서 나무가 곧게 서는 것처럼 사람도 하나님이 당겨 곧바로 섭니다. 곧바로 선 나무를 정신이라고 합니다. 결국 독립은 정신이요, 민족정신이 없으면 독립이 없습니다.

십자가는 하나님께로 올라가는 독립정신입니다. 이 정신은 태양을 향해 올라가는 정신이기에 지혜가 핵심이요, 진리가 중심입니다. 진리의 나라를 세우기 위해서 예수님은 십자가를 지신 것입니다. 하늘과 땅 사이에 진리의 나라를 세운 것이 십자가입니다. 예수님의 십자가야말로 독립정신의 상징입니다. 예수님이야말로 하늘과 땅 사이에 중보仲保의 나무가 되었습니다. 우리는 예수님의 독립정신을 가져야 합니다. 독립정신은 곧 십자가입니다. 따라서 우리는 십자가를 믿어 곧바로 서야 합니다. 즉 우리도 정직하게 살아야 한다는 말입니다. 그래서 우리는 하나님과 올바른 관계를 가지는 것입니다.

개인이 있어야 나라가 있고 또 여기서는 독립정신이 매우 중요합니다. 윤봉길 의사, 안중근 의사, 여기서 '의義'란 것은 곧 독립정신입니다. 이들의 독립정신이 그들로 하여금 어려운 일을 해내게 한 것입니다. 이것은 바로 그들의 힘이었습니다. 그의 밑바탕 되는 힘, 그것은 바로 민족정신입니다. 민족정신이 있어야 독립합니다.

우리를 위해서 가장 중요한 것은 십자가, 수직선입니다. 그러나 무엇이든지 쓰러지려고 하는 것을 세우려고 하는 것은 모두 십자가입니다. 우리 집안도 나라도 마찬가지입니다. 단 몇 사람만 정신 차리고 있으면 설 수 있습니다. 쓰러지려고 하는 나라에도 단 한 사람만이라도 정신 차리고 있는 사람이 있으면 나라는 섭니다. 미국도 단 몇 사람의 정신 차린 사람이 있어 독립하지 않았습니까. 이 정신 차린 사람이 곧 의인입니다. 다시 말하면 예수 그리스도를 믿는 사람이 됩니다. 세계를 독립시킨다. 하나님의 나라를 무엇으로 독립시킬 수 있나. 바로 십자가입니다.

그리스도가 십자가를 지신 것은 바로 세계를 독립시키려는 정신이 있었기 때문입니다. 즉 그리스도의 십자가란 곧 독립정신이지요. 흔히 십자가를 속죄로 생각하는데 사실 십자가는 곧 정신입니다. 그 정신에 의해서 우리의 정신이 깨는 것입니다.

그것이 속죄입니다. 지혜의 태양이 죄의 얼음을 녹이듯이 그리스도의 진리의 태양이 우리의 어리석은 마음을 해방시켜 우리도 진리와 하나가 되어 강한 사람으로 독립하게 됩니다.

이 정신은 다시 말해서 주체성입니다. 우리나라 사람들도 주체성이 많이 강해졌습니다. 그러나 아직도 우리 자신을 남만 못하게 생각하는 경향이 있습니다. 맹자는 자기가 자기를 멸시하면 다른 사람도 나를 멸시하고, 자기가 자신을 존중하면 다른 사람도 나를 존중한다는 말을 했습니다. 그러나 우리는 대부분 우리 자신을 존중하지 않습니다. 남을 존중할 줄은 알면서 우리 자신은 존중할 줄 모르는 것입니다. 이 나를 존중할 줄 안다는 것이 바로 주체성입니다.

우리가 하나님을 존경하는 것은 바로 나를 존중하는 것이 되고, 예수 그리스도를 존경하는 것도 바로 자기 자신을 존중하기 때문인 것입니다.

우리는 아름다운 우리의 국어를 무시하는 경향이 있습니다. 과거에 한글을 언문諺文이라고 하고, 한자를 진서眞書라고 해서 우리의 말을 존중하지 않았기 때문에 오늘날에도 이런 일이 있습니다. 외국인들은 한국에 거주해도 그 자녀들에게 자신들의 모국어를 가르친다고 합니다. 그러나 우리나라 아이들은 외국에 살다 오면 한국말을 잘 모릅니다. 그 이유는 단 하나 주체성이 없기 때문입니다. 자기에 대한 믿음이 약한 것입니다. 우리는 우리의 주체성을 찾아야 합니다. 남보고 찾아 달라고 해선 안 됩니다. 우리가 우리를 존경하면 다른 사람도 우리를 존경할 것입니다.

우리 기독교가 한국에서 할 일이란 그것밖에 없습니다. 우리가 우리 자신을 존경할 줄 알게 만드는 것, 그것을 해내지 못하면 기독교는 아무 필요가 없는 것이 되고 맙니다. 기독교는 바로 우리의 정신을 찾아주는 것입니다. 우리는 올바른 기독교를 가짐으로써 우리의 정신을 찾고 또 우리의 자신을 존경할 수 있는 것입니다.

십자가는 정신이요, 부활은 영혼입니다. 영혼은 하나 되는 마음입니다. 영혼은 사랑입니다. 사랑은 영원합니다. 사랑은 죽는 법이 없습니다. 사랑은 천 번이고 만 번이고 되살아납니다. 우리 민족의 사랑은 반드시 남북을 하나로 만들고야 말 것입니다.

사랑은 본래 하나입니다. 마음은 본래 하나입니다. 허공은 본래 하나입니다. 구름에 허공이 갈라지는 것 같아도 구름이 지나가면 허공은 또 한 번 하나로 통일됩니다.

지혜는 조국을 건설하고, 사랑은 조국을 통일할 것입니다. 민족의 정신은 조국을 독립케 하고, 민족의 영혼은 조국을 통일케 할 것입니다. 민족적 지혜와 민족적 사랑은 거저 되는 것이 아닙니다. 끝없는 노력 끝에 이루어지는 것입니다.

하나님은 곧 사랑입니다. 하나님을 믿는 이상 우리는 꼭 부활할 것이며, 꼭 통일할 것입니다. 사랑은 절대 죽지 않습니다. 그것은 또 살아납니다. 부활과 통일은 같은 것입니다. 우리 민족의 영혼이 있는 이상, 우리의 민족은 반드시 통일하고야 말 것입니다.

몸은 지혜의 상징이요, 마음은 사랑의 상징입니다. 지혜는 서고, 사랑은 하나를 이룩합니다. 십자가와 부활은 이 민족의 독립과 통일을 갖다 줄 것입니다. 의로운 정신과 너그러운 마음, 의義와 인仁이 곧 십자가와 부활이요, 독립과 통일의 밑바탕입니다.

아담과 그리스도

1983년 7월 17일

로마서 5:12~21

한 사람이 죄를 지어 모든 사람이 유죄 판결을 받은 것과는 달리 한 사람의 올바른 행위로 모든 사람이 무죄 판결을 받고 길이 살게 되었습니다. 한 사람의 불순종으로 많은 사람이 죄인이 된 것과는 달리 한 사람의 순종으로 많은 사람이 하나님과 올바른 관계를 가지게 될 것입니다.

오늘 제목은 〈아담과 그리스도〉입니다.

보통 사람들은 아담이 죄를 지어서 모든 사람이 죄에 빠지고, 그리스도가 속죄의 제물이 되어서 모든 사람이 구원을 얻게 되었다고 말합니다. 아담은 하나님께 반역해서 낙원에서 쫓겨났고, 모든 인류는 아담의 자손이기 때문에 다 같이 쫓겨나서 죄인이 되었다는 것이 '원죄설'입니다.

그런데 여기 제2 아담이 나타나 악마의 유혹을 이기고 하나님의 아들이 되었다. 그런고로 예수를 믿는 사람은 누구나 죄에서 벗어나 구원을 받을 수가 있다. 이것이 '속죄설' 입니다.

악마의 아들 아담과 하나님의 아들 예수, 악마에 속하느냐, 예수에게 속하느냐, 이것이 교회에서는 중요한 선택이요, 가장 큰 결단입니다. 아담을 떠나서 예수에게, 이것이 신앙이요, 구원입니다. 그 말에 의의가 없습니다. 여러분은 아담과 인연을 끊고 예수와 새로운 인연을 맺으면 됩니다. 이것을 선전하는 것이 복음이요, 이것을 알려주는 것이 교회입니다.

그런데 오늘 내가 말하고 싶은 것은 아담을 하나의 인간의 시조로 보지 말고, 아담을 하나의 인간의 자기 발견으로 보자는 것입니다. 그것은 단군을 우리 국민의 조상으로 보지 말고, 우리 역사의 자각으로 보자는 것입니다. 그러니까 단군이 있어서 우리가 있는 것이 아니라 우리의 역사적 자각이 있어서 단군을 발견하게 되는 것이라고 생각해 보는 것입니다.

아담은 인류의 시조이다. 바보처럼 아담이 죄를 졌기 때문에 우리는 어쩔 수 없이 고생하게 되었다. 이것이 인간의 운명이다. 그런데 이 인간의 운명을 벗어나게 해주기 위해서 하나님께서 독생자를 보내주셨으니 이제는 독생자를 믿기만 하면 된다. 그러니까 바보처럼 아담에 속해 있지 말고 예수에게 속하라. 자이쪽으로 건너뛰는 것이다. 건너뛰면 산다. 이것이 결단을 강요하는 우리 교회의 태도였습니다. 그렇게 생각하고 다 건너뛰면 아무 문제가 없습니다.

그런데 현대인은 그렇게 단순하질 않습니다. 하나님께서는 왜 악마를 만드셔서 사람을 골탕 먹이는 것인가. 사람을 만드실 때 조금 더 완전하게 만들었으면 되지 않느냐. 그런 동화 같은 이야기를 어떻게 믿을 수 있느냐. 하나님이 아담을 창조하고 우리가 다 아담의 자손이라고 하지만 인간은 창조된 것이 아니라 진화된 것이 아니냐. 우주가 진화된 것이 60억 년, 생명이 시작한 것이 30억 년, 그러면 6천 년 전의 아담이 인류의 조상이라고 하는 것은 말도 안 되지 않느냐. 그것은 유태의 신화일 뿐 믿을 수 없지 않느냐. 이런 말이 나오게 됩니다.

그래서 나는 유태사람이 왜 그런 신화를 만들게 되었는가를 생각해 봅니다. 그것이 사실이 아니라고 해도 진실을 말하고 있는 것이라면 사실이 아닌가. 우리가 모두 죄인이라는 것은 어쩔 수 없는 사실이 아니냐. 아담이 있어서 우리가 죄인이 된 것이 아니라 우리의 죄를 그런 신화 형식으로 만든 것이 아닌가. 그런 신화 형식으로 인간이 자기의 생각을 표현할 때는 나뿐만 아니라 모든 인류가 다 죄인이구나 하는 깊은 자각을 가진 어떤 사람이 자기의 죄를 자각하고 신화의 형식으로 고백한 하나의 철학이 아닌가.

　아담의 이야기는 인간이 자기의 죄를 자각한 후에 나온 문헌이 아닌가. 유태사람들이 모세 오경을 쓸 때는 우리나라 사람들이 단군신화를 쓰듯이 역사적으로 성숙한 시대에 쓴 것이 아닙니다. 적어도 모세의 오경쯤 되면 하나님과 일 대 일로 서게 되는 모세 같은 인물이 되어서 하는 소리가 아닌가. 그런 의미에서 아담은 성숙한 인간의 참회록이지 그것이 인간의 시조를 생물학적으로 설명한 이야기는 아니라는 것입니다. 그리고 이런 이야기는 그 이야기를 들어서 내가 죄인이라는 자각을 가지는 것이 아니라 내가 죄인이라는 자각을 가져보니 아담의 이야기가 사실이라고 느끼게 되는 것입니다.

　내가 유혹에 빠져서 내 주변을 돌아볼 때, 모두가 유혹에 빠져 있고, 내가 죄를 밥 먹듯 하고, 내 주변의 사람들도 모두 죄를 밥 먹듯 하여, 내 주변뿐만 아니라 문화인이나 야만인이나 모두 다 죄 덩어리가 되어 있는 것을 볼 때 아담의 이야기가 진실이요 사실이며, 그것이 진리라고까지 느끼게 되고 그 말을 믿지 않을 수가 없게 되는 것입니다.

　단군도 마찬가지입니다. 단군이 우리의 시조라는 것은 역사적인 사실의 기록이라고 보기보다는 『삼국유사』에 나오는 하나의 신화요, 이 신화가 우리에게 말하려고 하는 것은 단군의 사상이라고 전해지는 홍익인간弘益人間의 이념일 것입니다. 『삼국유사』를 쓴 사람이 한국이라는 것을 자각하고, 한국을 문제 삼을 때에 한국의 이상이 무엇이며, 한국의 방향이 어떤 것이어야 하는가를 생각했을 때, 한국은 하늘에 속한 나라로 태양처럼 온 세계를 밝히고, 살리고, 이롭게 해주는 홍익인간을 이념으로 해야 되겠다고 생각한 것이겠지요.

중국과 대립하고 변방민족들과 겨루어 가면서, 한국은 차차 국가적인 의식이 강해졌을 뿐만 아니라, 먹고 먹히고 하는, 많은 민족의 역사적 현실에서, 한민족도 하나의 다른 민족처럼, 나왔다가 사라지는 풀의 이슬 같은 민족이 아니라, 무엇인가 세계사에 기여할 수 있는 문화적 민족으로, 세계를 밝혀주는 정의사회를 구현하여, 남을 도와주고, 남을 살려주는, 사랑을 실현하는, 진리의 왕국이 되어, 천명을 완성하는 한국이 되어야겠기에, 한국은 하늘에서 내려온 나라요, 한국의 시조는, 하늘의 아들로서 단군은 하늘의 뜻을 펴기 위해서 내려온 것이라고 했을 것입니다. 여기에서 한국 사람들이 국가의 사명을 자각하고, 국가의 방향을 설정하려는 역사적 의식이 고조되어 한국을 영원한 한국으로 사랑하고자 하는 애국심이 단군신화로 표현된 것이 아닌가 생각합니다.

결국 단군은 한국의 역사적 자각의 표현이지, 단순한 전설이 아니라는 것입니다. 마찬가지로 아담도 단순한 전설이 아니라,

유태인들의 종교적 자각의 표현이요, 그들의 역사적 사명을 자각할 때에 나오는 신화적 표현으로 생각하자는 것입니다.

내가 우리나라를 자각한 것은 6·25동란 때였다. 서울을 잃고, 제주도 남단으로 쫓겨 가서야 나라의 고마움과 나라의 필요성을 뼈저리게 깨닫고, 무슨 일이 있어도 나라만은 지키고, 나라만은 보존해야겠다는 생각이 가슴 속에서 북받쳐오르기 시작했다. 나라 없는 민족의 슬픔이라는 말을 제정시대에도 많이 들었지만 나이 어려서 그것을 의식하지 못하고 살아왔다.

그런데 해방 후 6·25동란을 겪으면서 나라 없는 비극을 비로소 알게 되고, 나라가 인간의 생명과 재산과 자유와 문화의 기반임을 절실히 느끼게 되었다. 제주도 앞바다에 가서 멀리 태평양을 바라보면서, 이제는 이 이상 더 갈 데가 없구나. 쫓기고 쫓기어 제주도까지 왔으니, 이제는 옛날 백제의 궁녀들이 백마강에 내려 뛰듯, 이것이 우리의 운명이구나. 낙화암처럼 검은 바위가 제주도의 해변을 수놓고, 푸른 물결이 백마강처럼 우리를 삼킬 듯 넘실거린다.

갈 데 없는 갈대, 바닷가의 갈대는 본래 육지에 있으면서 단물을 빨아먹는 풀이었다. 그런데 약한 갈대는 강한 대나무에 쫓겨 결국 바다로 가서 살게 되었다고 한다. 비가 안 오면 제일 먼저 죽는 것이 갈대이다. 그것은 단물을 먹고 사는 식물이기 때문이다. 우리 신세가 바다의 갈대 같은 신세가 되었다. 비가 안 와도 죽고 바다에 들어가도 죽는다. 갈 수도 없고, 올 수도 없는 진퇴유곡의 기막힌 신세이다. 이것이 6·25때 한국 모든 사람의 피나는 자각이다.

우리가 너무 어리석었구나. 우리가 너무 약했구나. 이렇게 사는 것이 아니로구나. 우리도 잘 살아야겠다. 우리도 바로 살아야겠다. 우리도 참으로 살아야겠다. 세상에 제일 강한 것이 무엇이냐. 파스칼은 나는 갈대다. 그러나 생각하는 갈대다, 라고 하지 않았느냐. 생각하는 갈대, 생각하고, 반성하고, 배우고 익히면, 우리는 갈대를 넘어서 대갈이 될 수 있다. 갈대가 아니라 대갈이다. 대갈은 머리란 말이요, 두목이란 말이다.

우리도 두목이 될 수 있다. 우리도 태양이 될 수 있다. 우리도 생각하고, 연구하고, 일하고, 싸우면, 잘 사는 나라가 될 수 있다. 우리도 참된 나라가 될 수 있다. 우리도 홍익인간 할 수 있다. 우리도 단군의 나라가 될 수 있다. 우리도 하늘나라가 될 수 있다. 우리는 누구를 본받아야 할 것인가. 우리의 선생은 누군가. 우리의 구세주는 누군가. 그리스도다. 진리다. 생명이다. 이것이 제2 아담의 탐구다.

만일 인간의 자각이 없으면, 인간은 영원히 강대해질 수가 없다. 겸손해질 수가 없다. 배울 수가 없다. 자랄 수가 없다. 클 수가 없다. 자각은 어떻게 생기는가. 그것은 시대적인 것인지도 모른다. 사람이 어느 정도 나이가 먹어야 철이 들지, 나이가 먹기 전에는 도저히 철이 들지 않는다. 누구나 어느 정도 성숙해져야 철이 드는 것 같다. 이런 것이 파스칼의 인간의 자각이다. 소크라테스가 나는 아무것도 모른다, 라고 한 것이나, 파스칼이 인간은 갈대다, 라고 한 것은 다 같은 말이다. 아담도 인류의 자각이라고 하였는데, 한마디로 힘이 없다는 것이다. 약하다, 어리석다. 그래서 악마에게 지고, 속고 말았다.

바울이 로마서에서 아담을 끌어내는 것은, 자기의 약소와 무력을 상징하는 인물로 아담을 내놓는 것입니다. 아담은 갈대이다. 아담은 약하다. 왜 약하다고 하는가? 바울, 자기가 약하다고 느낀 때문입니다. 벌써 자기를 아담이라고 자각하면 바울은 소망이 있습니다. 내가 병이 있다고 알면, 그는 곧 의사를 찾게 되는 것입니다. 그것이 그리스도입니다. 자기가 무식한 것을 알면, 반드시 선생을 찾게 됩니다.

아담은 자기의 자각이요, 그리스도는 하나님의 탐구입니다. 자기의 죄를 깨달은 사람은 하나님을 찾지 않을 수가 없기 때문입니다. 그런데 문제는 자각이 없는 것입니다. 자각이란 자기의 약소를 깨닫고, 어떻게 하면 내가 강대해질 수 있는가 하고 생각하고, 하나님을 찾고, 선생을 찾고, 의사를 찾는 데 자각이 있습니다. 그런데, 자각이 없으면 내가 강대해질 생각은 없고, 다만 강대強大에게 아부하고, 강대에게 붙어살고 싶어 하는 것이 사대주의事大主義입니다.

남을 미화하고, 자기를 천대하고, 자기를 없이하고, 남이 되어 버리려고 하는 것이 사대주의입니다. 과거에는 중국을 숭배했고, 일본을 숭배했고, 지금은 미국을 숭배하고, 소련을 숭배합니다. 과거 미국이나 소련이 삼팔선을 갈라놓아 우리가 한없이 쓰라린 고생을 하면서도 미국이나 소련의 책임은 묻지 않고, 도리어 우리끼리 싸우고, 헐뜯고, 욕하고, 죽이고, 미국으로 이민 가고, 소련으로 이주하고, 미국 사람이 되려고 하고, 소련 사람이 되려고 하는 바로 이것이 사대주의입니다.

사대주의란 자각이 없는 것입니다. 그런 민족에게는 소망이 없고, 구세주도 필요가 없습니다. 미국이 오면 미국을 숭배하고, 소련이 오면 소련을 숭배하고, 이것이 자각 없는 민족이라는 것입니다.

같이 나라가 분단해도 독일과 우리는 질적으로 다릅니다. 독일은, 독일이 분단된 것은 미·소의 정략이니 우리끼리야 무슨 문제가 되느냐? 같이 편지도 보내고, 서로 한 번씩 고향도 찾아가자. 그리고 미·소의 세력이 약화되기를 기다려서 또다시 통일하자. 그들에게는 민족정신이 있습니다. 그러나 우리에게는 그것이 없습니다. 미·소가 원수가 아니라 미·소는 주인이 되고, 우리가 개처럼 우리끼리 서로 물고 뜯는 것입니다. 이것이 얼빠진 우리의 모습입니다.

이런 모습을 유태사람들은 자기의 역사에서도 찾아 볼 수가 있습니다. 그러나 그럴 때마다 이것이 아니다, 우리가 어떠한 고생을 해도 사대주의는 벗어나야겠다. 우리도 독립해야겠다고 생각하는 것이 하나님 신앙입니다. 유태인의 신앙은 독립정신입니다. 이런 독립정신은 자기의 자각에서 일어납니다. 아담의 자각은 유태사람들에게는 구원의 시작입니다. 이런 자각을 한 사람이 아브라함이요, 모세요, 이사야요, 다윗입니다. 이런 예언자들은 자기가 얼빠진 아담이라는 것을 자각한 사람들입니다. 그리고 찾은 것이 메시아입니다. 의사입니다. 선생입니다. 그것이 바울의 그리스도입니다.

메시아 사상은 자각에서 옵니다. 자각한 사람에게는 메시아가 없을 수 없습니다. 병을 발견한 사람에게는 의사가 없을 수 없습니다. 무식을 자각한 사람에게는 선생이 없을 수 없습니다. 세상에 선생님은 꽉 차 있습니다. 내가 눈을 뜨기만 하면, 세상에 그리스도는 꽉 차 있습니다. 내가 아담을 생각하면, 제2 아담은 어디나 있습니다. 이 우주가 그대로 제2 아담입니다.

하나님은 어디에나 계십니다. 하나님 안 계시는 데는 없습니다. 일체가 하나님이라는 것을 발견한 후에, 우리는 다시 예수가 하나님이라는 것을 발견하게 됩니다. 예수가 그리스도인 것을 발견한 후에, 예수가 선생님인 것을 발견하게 됩니다. 병이 나서 의사를 찾아보니 맨 의사입니다. 우선 가까운 의사를 찾아가서 누가 더 유명한 의사인가를 찾으면 그 의사는 자기의 선생님을 가르쳐줄 것입니다. 그 선생님을 찾아가면 또 선생님을, 이렇게 찾아올라가서 맨 꼭대기의 선생님이 진짜 명의名醫일 것입니다.

사람도 마찬가지입니다. 누가 참 사람인가 하고 자꾸 찾아가면 맨 마지막에 찾아진 사람이 예수 그리스도입니다. 온 인류가 다 찾아서 마지막에 도달한 분이 그리스도입니다. 세대의 모든 손은 예수가 그리스도라는 것을 가리키고 있습니다. 그것은 요한이나 바울만이 아닙니다. 칸트나 헤겔만이 아닙니다. 누구나, 하나님을 찾는 자는, 진짜 강대를 찾는 자는 예수 이상 더 강한 인간을 찾기 어려울 것입니다. 예수 이상 더 큰 인간을 찾기 어려울 것입니다.

그분의 지혜와 사랑은 인간을 넘어서서 신에 가까움을 알 수 있을 것입니다. 그분의 사랑은 죽음을 초월하고, 그분의 지혜는 삶을 초월한, 인간 이상의 존재임을 발견하게 될 것입니다. 그러고 나서 그리스도의 지혜와 사랑이 우리 속에도 자라는 것을 발견하게 될 것입니다. 그것을 우리는 성령의 역사라고 합니다. 그리스도를 통해서 받는 성령의 역사입니다.

우리는 우리 속에 진리가 싹이 트고, 생명이 터져 나오는 것을 가끔 느끼게 됩니다. 제1 아담이었던 내가, 차차 제2 아담으로 변해가는 새로운 창조를 내 속에서 느낄 수 있게 될 것입니다. 이것이 신앙입니다. 우리 속에서 마치 계란이 병아리가 되듯이 새로운 증거가 나타나기 시작합니다. 한없는 기쁨이 싹트고, 한없는 감사가 넘치고, 한없는 기도가 나오기 시작합니다. 막혔던 가슴이 열리고, 죽었던 아담이 살아나는 것입니다. 이런 경험을 하게 될 때, 우리는 예수님의 부활을 믿지 않을 수 없습니다. 부활하신 주가 나와 같이 있음을 믿지 않을 수 없습니다. 예수의 부활을 믿고, 내가 새 사람이 되는 것이 아니라, 내가 새 사람이 되어, 예수의 부활을 믿게 되는 것입니다. 차차 병아리가 깨 나옵니다. 차차 제2 아담을 느끼게 됩니다. 나도 눈이 뜨이고, 나도 자신이 생기고, 나도 자유를 느끼게 됩니다.

이때에 이 나라를 위해서 책임을 느끼는 것이 십자가를 지는 것입니다. 내가 십자가를 질 때, 또 다시 보이는 것이 예수의 십자가입니다. 인류를 위해 피 흘리신 인류의 십자가입니다.

내가 내 이웃을 위하여 작은 십자가를 질 때, 내 앞에 큰 십자가를 지고 걸어가는 예수의 십자가가 보이기 시작합니다. 그분이 제2의 아담이요, 인류의 구세주입니다. 나는 그분이 어느새 내 십자가까지 같이 지고 가는 것을 보게 됩니다. 그것이 속죄입니다. 내 십자가는 차차 가벼워집니다. 예수가 내 대신 지기 때문입니다. 이것이 그리스도의 사랑입니다. 그분이 주시는 성령이, 강처럼 흘러서 내 십자가가 둥둥 떠서, 도리어 내가 십자가에 매달려가게 되는 것입니다. 십자가의 공로로 살아가게 됩니다. 처음에 졌던 십자가가 변하여 나를 태운 배가 되고 말았습니다. 나는 본래 아무 힘없는 죄인이었습니다. 그러나 오늘 또다시 십자가를 타고 가는 힘 있는 성인이 되었습니다. 제1 아담이 제2 아담으로 변한 것입니다. 우리는 다 성도가 되었습니다. 내겐 아무 힘이 없지만 그리스도께서 내 대신 싸우고 있습니다. 제1 아담의 자각은 제2 아담의 탐구로 모든 문제는 해결됩니다.

아담과 그리스도, 얼마나 은혜스러운 이름입니까. 아담은 계란이요, 그리스도는 병아리입니다. 아담과 그리스도는 아담도 아니고, 그리스도도 아닙니다. 그것은 나요, 이 나라요, 이 인류입니다. 내가 거듭나고, 이 나라가 거듭나고, 이 인류가 거듭나는, 역사적 자각의 내용입니다.

그리스도와 함께

1983년 7월 31일

로마서 6:1~14

우리는 그리스도와 같이 죽어서 그분과 하나가 되었으니 그리스도와 같이 다시 살아나서 또한 그분과 하나가 될 것입니다. …… 그러므로 결국 죽어버릴 육체의 욕망에 굴복하지 마십시오. 오히려, 여러분 자신을 하나님께 바치고 여러분의 지체가 하나님을 위한 정의의 도구로 쓰이게 하십시오.

 어느새 8월이 다가와 더운 것 같습니다. 그러나 이제 8월만 지나가면 또 다시 시원해지겠지요. 여러분께서는 어떻게 하면 더위를 좀 벗어날까 하는 생각을 하시겠지요. 옛날 사람들도 이런 질문을 많이 했습니다. 어떻게 하면 더위를 벗어날 수 있을까. 제일 좋은 대답은 더위 속으로 뛰어 들어가는 것입니다. 더울 때는 불 속에 뛰어 들어가고, 추울 때에는 물속에 뛰어 들어가는 것, 그것이 아마 가장 좋은 방법일 것입니다.

그러니까 더울 때에는 불 속에 들어가서 더 덥게 만들고, 추울 때에는 더 춥게 만드는 것입니다. 감기가 걸려 매우 높은 열이 났다고 합시다. 그때 그 열을 제거하는 방법은 아스피린을 먹는 것입니다. 아스피린은 석탄으로 만드는 것입니다. 즉 몸에 석탄불을 피우는 것입니다. 그래서 40도쯤 열을 올리면 38도쯤의 감기 열은 저절로 없어지고 맙니다.

방학 같은 때에도 시골로 내려가서, 시골사람들이 고생하는 것을 본다면, 서울사람들의 괴롭다는 생각은 없어집니다. 정말 힘든 고생을 합니다. 이것을 보통 '이열치열以熱治熱'이라고 합니다. "열을 가지고 열을 다스린다"는 말입니다. 덥다고 자꾸 아이스크림을 먹으면 그때에는 해결이 되는 것 같습니다. 그러나 갈증만 더 심해집니다. 그래도 더울 때 뜨끈뜨끈한 설렁탕을 먹으면, 그때에는 좀 더운 것 같지만, 곧 시원해져서 해열이 되지요. 평양에서 유명한 냉면은 꼭 겨울에 먹습니다. 그렇게 해서 추위가 풀리는 것이지요. '이열치열'이라는 생각, 그 이상의 좋은 방법은 없을 것입니다.

나는 여태껏 피서를 많이 다녀보았습니다. 그중 제일 좋은 피서는 한 짐 지고 산에 올라가는 것이었습니다. 언젠가 지리산에 피서를 간 적이 있었습니다. 거의 일어서지 못할 만큼의 짐을 지고 산을 오르는데 그냥 걸어서 오르는 것이 아니라 뛰어서 오르는 것입니다. 지리산 노고단에서 천왕봉까지는 백 리입니다. 노고단 올라가는 도중에 깔딱고개란 데가 있습니다. 숨이 깔딱 넘어 가는 것 같아 '깔딱고개'라고 이름 지어졌는데, 바로 이 고개를 넘어서, "이제 다 왔나" 하면, 거기서부터도 백 리나 남아 있지요. 짐을 지고 산꼭대기에 올라갔다가 내려오는 그 재미, 그 이상의 피서는 없을 것입니다.

나는 결국 여름에 제일 좋은 피서는 산에 올라가는 것이라고 생각합니다. 그래서 요새도 나는 더우면 산엘 올라갑니다. 산에 올라가서 바위에 앉아 산바람을 맞는 그 시원한 기분, 그 기분이란 말로 표현할 수 없는 것입니다.

우리들은 인생이란 괴로운 것이라는 소리를 많이 들었고 또 하고 있습니다. 괴로운 것은 사실입니다. 그러나 이 괴로움을 어떻게 해결하느냐가 문제입니다. 괴로움과 반대되는 즐거움을 갖다 놓으면 될까요? 그것을 보통 향락주의라고 합니다. 그런데 그 향락주의란 것은 우리가 더울 때에 아이스크림을 먹고 경험하는 갈증과 마찬가지로 곧 더 많은 괴로움을 주고 맙니다. 결국 괴로움을 참는 방법은 더 괴로운 것, 더욱 많은 괴로움을 갖는 것입니다.

오늘의 로마서 6장은 결국 그리스도와 함께 죽고, 그리스도와 함께 산다는 말입니다. 6장은 한마디로 갈라디아서 2장 20

절에 요약되어 있습니다. "내가 그리스도와 함께 못 박혀 있으면, 이제는 내가 사는 것이 아니라 내 안에서 그리스도가 사는 것이다. 이제 내가 육체로 사는 것은 나를 사랑하사, 우리를 위해 몸소 자신을 버리신, 희생하신 하나님의 아들을 믿는, 그러한 믿음으로 사는 것이다." 결국 이 말입니다. 그러니까 내가 그리스도와 함께 십자가에 못 박힌 것은 하나님의 명령이라는 것이지요. 그러므로 인생의 괴로움을 우리가 극복하는 길은 천명天命인 것입니다.

이 세상에는 고통이 많지요. 그러나 더 심한 고통을 우리가 스스로 받아 가짐으로써, 즉 그리스도와 함께 십자가에 못 박히는 생각을 가짐으로써, 우리는 이 세상의 고통을 넘어서게 되는 것이지요. 니체는 '운명애運命愛'란 말을 썼습니다. 즉 괴로움으로 가득 찬 운명을 내가 사랑하기 때문에 그것을 이긴다는 말이지요.

십자가는 누가 지라고 해서 지는 것이 아닙니다. 자진해서 내가 지는 것입니다. 십자가를 짐으로 해서 다른 괴로움을 이겨 낼 수가 있는 것입니다. 바로 그것이 이열치열입니다.

바울은 고린도후서 11장 22절에도 나오듯, 매우 많은 고생을 했습니다. 매를 맞고, 파선을 당하고, 강도를 만나고, 거의 굶어 죽게 되기도 하고, 한없는 고생을 했지요. 그런 고생을 했기에 그에게는 보통 사람들이 하는 고생이 문제도 안 되었던 것입니다. 그것이 바로 바울이 인생의 고통을 이겨낸 길이었어요. 생각해보면 모순인 것 같기도 하지만, 해결 방법은 그것밖에 없습니다. 왜 그런 고생을 했을까요? 바로 그리스도에 대한 사랑 때문입니다.

로마서 8장 35절에 유명한 말이 있습니다. 환난이나 곤고나 핍박이나 기근이나 적신이나 위험이나 칼, 그렇게 많은 어려움들을 그리스도에 대한 사랑으로 이겨나간다는 말입니다.

언젠가 목포에서 학생들을 데리고 제주도로 간 적이 있었습니다. 그런데 그 배가 아주 작아서 7월 말 그 더위에 매우 고생을 했지요. 또 난 배에 약해서 멀미도 자주하고 아주 고생을 했습니다. 배를 타고 가만히 보니까 멀미를 제일 안하는 사람이 아기를 데리고 있는 어머니였습니다. 그 엄마들은 아기를 돌보느라고 멀미할 틈이 없었던 것입니다. 또한 배의 선원들도 배를 무사히 도착시키기 위해서는 멀미할 틈이 없는 것 같았습니다. 가만히 있을 사이가 없으니까요. 그러므로 좀 더 어려운 경험을 한다는 것은 굉장히 좋은 일입니다.

더울 때에 산에 올라가는 것, 그것은 더위를 피하는 것이 아니라 이기는 것이지요. 마찬가지로 인생이란 것도 피할 수가 없습니다.

공자께 인생에 가장 소중한 것이 한마디로 무엇이냐고 물을 때에 "어려울 난難"이라고 대답하셨습니다. 불교 · 유교에서

그리스도와 함께 143

도 '고난'이 있죠. 또 기독교에서도 가장 소중한 것은 고난, 바로 십자가입니다. 그러므로 결국 운명이라고 하는 것은 천명으로 이길 수 있는 것입니다.

천명이란 것은 사명과도 통합니다. 나는 지금 깨어 있습니다. 하나님의 사명을 가지고 깨어 있는 것입니다. 난 지금 더운 줄 모릅니다. 인간의 운명을 천명을 가지고 이겨가는 것, 사명을 가지고 이겨가는 것입니다. 이것은 세계의 모든 성인들도 마찬가지입니다. 석가에게도 고행이 있고나서야 무엇인가가 있었습니다. 그러므로 이렇게 더울 때에도 용광로 옆에서 더운 줄도 모르고 일하는 사람들이 진짜 더위를 피하는 사람입니다.

지금 과학 하는 사람들은 한창 불을 피워 놓고서 연구하고 있습니다. 시간가는 줄도 모르고 말입니다. 결국 자기가 하는 학문에 몰두한다든가, 연구에 몰두한다든가, 사색에 몰두한다든가, 신앙에 몰두한다든가, 예술에 몰두한다든가 해서, 시간가는 줄 모르고, 더위가 있는 줄도 모르고, 피서하는 것입니다. 어려움이 있더라도 그 어려움을 이겨내는 동안에 일상적인 괴로움이란 사라지고 맙니다. 그러므로 십자가가 가장 중요한 문제가 되는 것입니다.

십자가는 아무나 질 수 있는 것이 아닙니다. 바울처럼 그리스도에 대한 사랑 때문에 지게 되는 것이지요. 지금 일선에 나가 있는 군인들은 두꺼운 옷을 입고, 땀을 흘리며 고생을 하고 있을 것입니다. 모두가 국가에 대한 사랑 때문입니다. 노상에서, 이 더운 노상에서 공기가 나쁜 데도 불구하고 무엇을 파느라고 힘을 들입니다. 그 사람들에게는 자식에 대한 사랑이 있으므로 더울 사이가 없는 것입니다. 우리가 어려운 운명을 이길 수 있는 방법은 그리스도와 함께 내가 죽는다는 생각을 하는 것입니다.

이제는 덥다 춥다라는, 그런 생각을 할 틈이 없습니다. 할 일이 태산 같은데 춥고 더울 새가 어디 있습니까. 이 세상에 이제 괴롭다, 즐겁다고 할 그런 시간이 없는 것입니다. 칼 마르크스도 고생도 많이 했습니다. 영국으로 쫓겨 가서 굶기도 하고, 고생을 많이 했지요. 그렇지만 『자본론』이라는 책을 써야 하기 때문에, 그 고생을 이겼습니다. 그것은 바로 그의 사명이었으므로, 배고프다는 따위의 생각을 할 수가 없었던 것입니다.

이것은 하고 가야지, 자기가 할 일 때문에 산다, 죽는다, 할 겨를이 없는 것이지요. 역시 가장 중요한 것은 자신의 할 일입니다. 이번 여름 방학 때 내가 무얼 해야 할까? 할 일이 없는 사람들은 피서를 가도 좋겠지만, 할 일이 있는 사람들은 피서를 갈 수가 없지요. 계획을 세워 놓고서 방학을 보낸다면, 덥고, 춥고 할 사이가 있을까요?

로마서 14장에도 "내가 사는 것도 그리스도요, 내가 죽는 것도 그리스도요, 나는 살건 죽건 이제는 그리스도의 것이다"라는 말이 있습니다. 그러니까 생사生死라고 하는 상태, 덥다, 춥다는 그것이 그보다 더 높은 차원에서는 문제가 안 된다는 말이지요. 그 문제가 안 된다는 것이 바로 바울이 말했던 "나는 그런 것과는 인연이 없다"는 말과 같은 것입니다.

동양의 성인군자 중에서도 이런 분이 많습니다. 이퇴계, 이율곡, 그분들은 성리학의 대가입니다. 성리학의 핵심 사상은 한마디로 '주일무적主一無適' 입니다. 주란 것은 바로 주님이란 것이지요. 그러니까 삶에 있어서는 하나님과의 관계가 문제가 되지, 이 세상과는 문제가 되지 않는다는 말입니다.

그런데 이러한 성리학의 이념을 가장 잘 실천하신 분이 이순신 장군입니다. 이순신 장군은 율곡보다 9살 아래입니다. 그는 율곡의 영향을 많이 받았지요. 그것은 곧 퇴계의 영향을 받았다는 것이 됩니다. 이순신 장군은 32세에 과거급제를 하였습니다. 그것은 인생의 근본문제를 해결하기 위해 애쓴 탓입니다. 인생의 근본문제를 해결하기 위해서 이열치열의 방법을 쓴 것이지요. 즉 십자가로써 해결한 것과 같은 이치입니다. 장군은 생각이 깊은 분입니다. 그는 확고한 '주일무적' 의 철학으로 살아간 철학자입니다. 그분은 요새 말로 하면 전라도 해군 사령관이었습니다.

그런데 경상도 해군 사령관 원균은 이순신 장군께서 후에 총사령관이 되자 그를 시기하여 모함을 해서, 임금께 상소를 올려 장군을 몰아내려 했습니다. 자신이 총사령관이 되어야 한다는 그것 하나를 이유로 해서 말입니다. 그래서 결국은 본부 중앙에 있는 장관들과 짜고서 이 장군을 죽이려고 했습니다. 죄명은 역적보호 죄였습니다. 다시 말해서 일본 장수를 물리치고 죽일 수 있었는데 그렇게 하지 못했다는 것입니다. 그것은 한국사람 전체의 책임입니다. 원균 자신도 마찬가지입니다. 선조왕은 간사한 무리에 농락되어 충신을 죽이려고 하는 음모에 가담하여 이순신 장군을 물러나게 하였습니다. 그러나 이때 우의정 정탁鄭琢이 간곡하게 왕께 장군을 죽이지 말 것을 부탁하여 결국은 한 달 만에 장군의 계급만을 빼앗고 일선으로 보내어 백의종군하게 하고 말았습니다.

그런 때에 왜군이 쳐들어와서 원균이 지휘하는 우리 해군은 전멸하고 말았습니다. 4백 명의 우리 장교가 죽은 것입니다. 왕은 그때서야 이순신 장군밖에는 믿을 수 있는 사람이 없다는 것을 알게 되어 다시 해군 총사령관으로 임명했습니다.

그 이전에 장군께서 투옥되었다는 소리를 듣고 장군의 어머니께선 그만 세상을 떠나셨습니다. 그러나 보통 사람들 같으면 왕까지도 자신을 마다하고 모친상까지 당하는 슬픔으로 자결했을는지도 모르나 장군께서는 '주일무적'이라는 사상을 지니고 이를 이겨낸 것입니다. 하늘이 날 알아주면, 다른 사람은 날 몰라 주어도 된다는 것입니다. 그때는 하나님이란 말이 없었으므로 "하늘이 날 알아주면, 더 다른 사람은 날 몰라주어도 된다" 는 말이 되는 것입니다. 원균이나 다른 대신들이 아무도 몰라 주어도 그저 하늘만 나 알아주면 좋다는 그런 말입니다. 즉 "내 가 그리스도와 함께 십자가에 못 박혔으므로, 이제는 내가 사는 것이 아니라, 그리스도가 사는 것이다." '주일무적'이란 말입니 다.

노량 앞바다로 나갈 때, 다른 신하들은 모두 갑옷과 투구를 입고 나갔으나 장군께서는 입고 나가지 않았습니다. "하늘이 내 게 죽으라고 한다면 난 죽는다" 그 말입니다. 죽을 각오로 싸움 터에 나간 것입니다. 그래서 결국 적을 전멸시키고 이 나라를 구원한 것입니다. 장군께 주일무적이라는 신앙이 없었으면 이렇 게 되지 못했을 것입니다.

그러므로 만사에 있어서도 자신을 인정해 주는 그 어떤 하나 를 대상으로 살아가는, 그것 없이는 이 힘한 세상을 참고 살아 가기가 어려운 것입니다. 이 세상에는 참으로 악하고, 쓸 데 없 이 끼어들기를 좋아하는 사람들이 많습니다. 어떤 기관이나 사 회에서도 이런 사람들은 꼭 있습니다. 그런 사람들을 상대하지 않을 수가 없습니다. 그러나 우리가 어려움을 당할 때마다 주일 무적이라는, 즉 하나님과의 관계만 바로 되면 세상과의 관계는 끊어져도 상관없다는, 그러한 신앙만 가지고 산다면, 별 문제될 것이 없을 것입니다.

나는 많은 모략과 중상을 받았었습니다. 그러나 그럴 때마다 그리스도와 함께 십자가에 못 박혔으므로, 난 이제 세상과의 인연이 끊어져도 괜찮다는 생각을 했습니다. 그래서 다른 사람이 날 욕하건 말건 저에겐 별 문제가 되지 않았던 것입니다.

한 가지 문제가 되는 것이 있었다면, 그것은 그리스도와 나와의 관계였습니다. 하나님과 나와의 관계만 바로 되면, 바로 되어 있으면, 그것으로 족했던 것입니다. 그래서 나는 갈라디아서 2장 20절을 매우 좋아합니다. "내가 이제 그리스도와 함께 십자가에 못 박혔으므로 내가 사는 것은 그리스도가 사는 것이다." 그리스도만 살아 계시면, 마치 부모님께서 자식만 잘되면 죽어도 상관없다고 하시듯, 저도 죽어도 상관이 없는 것입니다.

언제나 상대를 초월한 하나의 존재, 하나의 진리만 마음속에 깊이 존재한다면, 상대 세계에서 일어나는 모든 문제, 즉 생사 문제는 상관이 될 수 없다는 것입니다. 그렇게 해야 우리는 구원을 받을 수가 있는 것입니다.

이열치열도 마찬가지입니다. 감기에 걸려 생긴 열을 아스피린 열로 다시 이겨내듯이 십자가라고 하는 것도 신약이 되는 것입니다.

그리스도를 통한 사람으로, 내가 십자가를 지고, 그 십자가로 이 세상의 모든 고통을 이겨나가는 것입니다. 그러므로 그 십자가란 얼마나 중요한 것입니까.

정의의 종

1983년 8월 7일

로마서 6:15~23

　여러분이 전에는 온 몸을 더러운 일과 불법의 종으로 내맡기어 불법을 일삼았지만 이제는 온 몸을 정의의 종으로 바쳐 거룩한 사람이 되도록 힘써야 할 것입니다. 여러분은 거룩한 사람이 되었고 마침내 영원한 생명을 누리게 되었습니다. 그리스도 예수와 함께 사는 영원한 생명입니다.

　요전에는 로마서 6장 1절에서 14절까지 읽고서 '이열치열'이란 말을 했습니다. "열로써 열을 이긴다"는 뜻입니다. 갈라디아서 2장 20절에 "내가 이제 그리스도와 함께 십자가에 못 박혔으니 이제는 내가 사는 것이 아니라 그리스도가 산다"고 했습니다.
　오늘도 더위가 채 가시지 않았으므로, 더위에 대한 이야기를 조금 더 하겠습니다. 더위에 대한 이야기는 별 수 없이 더위를 이기는 이야기인데, 더위를 이긴다는 것을 우리의 신앙생활에 비추어서 생각해 보기로 하겠습니다.

오늘은 여러분께 '지도무난至道無難'이라는 말을 하겠습니다. 중국 송나라 때의 불서佛書인 『벽암록碧巖錄』 2장에 나오는 글입니다. '도道'가 동양 사람들에게 제일 잘 느껴지는 것은 자연입니다. 자연에 도달하면 어려운 것이 없습니다. 여러분 중에 '덥다' 하면, 그것은 자연입니다. 겨울에 '춥다' 하면, 그것도 하나의 자연입니다. 요전에 더우면 불속에 뛰어들고, 추우면 얼음 속에 뛰어든다고 하였는데 그것도 바로 『벽암록』에 나오는 이야기입니다. 그런데 덥다, 춥다 등 기후에 대해서 어떻게 하는 것이 최선의 방법인가.

임진왜란 때 스님들을 모아 나라를 지킨 서산대사라는 분이 있었는데, 그에게 어떤 사람이 물었습니다. "산을 가다가 범을 만나면 어떻게 합니까." 그때 그의 대답이 "범을 만나면 범이 되면 되지"라고 말했다고도 하고, 형용形容으로 표현했다고도 하는데, 어떤 것이 사실인지는 모르겠습니다. 형용으로 표현했다면 엎드려서 범처럼 기어가는 흉내를 냈겠지요.

로마서 6장 15절부터 마지막 절, 특히 22절 "이제 우리가 죄에서부터 해방되었기에 하나님께 순종하여 의의 종이 되었고, 그 결과 거룩함을 얻었으니 이 거룩함은 우리에게 영생을 가져다주는 것입니다." 쉽게 말하면 범을 만나면 범이 되는 것이고, 자연을 만나면 우리가 자연이 되는 것입니다. 더 좀 쉽게 말하면 이렇게 더운 기후를 만나면 우리가 어떻게 해야 되나. 우리가 바로 더운 기후가 되면 됩니다.

기후가 되면 된다, 라는 말을 다른 말로 표현하면, '기체후氣體候'란 말입니다. "선생님, 기체후 일향만강一向萬康 하옵시며" 기체후란 말은 기후가 됐다는 말입니다. 기후를 만나면 기후가 되는 것입니다. 기체후가 되는 것입니다. '기'를 우리나라에서 중요하게 생각한 사람이 화담花潭 서경덕徐敬德인데, 퇴계보다도 몇 해 앞서 나온 철인입니다. '기의 철학'이란 말을 씁니다.

우리들은 기운이 세다든가, 기분이 나쁘다든가 등, '기'라는 말을 많이 사용합니다. 그런데 일본사람들에게는 '기를 차렷' 하면 '정신차렷' 하는 말입니다. 기라고 할 때는 정신적인 것만 또는 육체적인 것만을 가르치는 것은 아닙니다. 육체적인 것과 정신적인 것이 통합된 상태를 '기'라고 합니다. 맹자의 '기'는 '호연지기浩然之氣'입니다. 호연지기란 무엇인가. 가장 강한 것입니다. '지강지대至剛至大' 가장 강하고, 가장 큰 것입니다.

이 세상에서 가장 강한 것이 뭐냐. '기'입니다. '기'라는 말 대신에 더위란 말로 바꾸어 보았습니다. 더위라고 하는 것도 기후인데 만약 내가 기후를 기체후가 되어서 만나면 어떻게 되는가? 덥다는 것을 모릅니다. 덥다, 덥다 하는 사람은 기가 좀 약해서 그렇습니다. 우리가 늙어지면 더 덥습니다. 늙어지면 병이 나고, 병이 나면 더 더울 뿐입니다.

우리가 동정해야 할 사람은 병이 난 사람입니다. 병이 나서 몸에 열이 나면 그만 기가 약해집니다. 그래서 자꾸 더 더워집니다. 기가 되면 더위를 모릅니다. 반면에 또 춥다는 것도 모릅니다. 요새말로 말하면 건강한 사람은 별로 더운 줄도, 추운 줄도 모릅니다.

시골에서 농사짓는 것을 보고는 얼마나 더울까 하고 생각하지만, 그 사람들은 더운 것을 잘 모릅니다. 어제 내가 돌 깨는 곳을 가 보았습니다. 하루 종일 돌을 깨고는 점심 때 그 사람들이 어떻게 하는가 보았더니 점심을 먹고 나서는 바위에 딱 눕더니 그냥 자버리는 것이었습니다. 그런 사람들은 덥다는 것을 모릅니다. '기'가 센 것입니다.

우리가 제일 쉬운 예로 '기체후' 하면 누가 가장 기체후인가? 산짐승들이 가장 기체후입니다. 나는 언젠가 노루 사냥을 갔던 일이 기억나는데 노루가 뛰어가는데, 돌깍다리인데 산비탈을 날아갑니다. 무엇을 가지고 나는가. 기운을 가지고 납니다. 노루를 보면 다리가 가늘고 몸뚱이는 매우 살이 쪘어요. 가는 다리에 무거운 몸인데도 그렇게 펄펄 납니다. 동물들은 겨울날 영하 40도, 여름날 영상 40도인데도 잘 뛰고 날아다닙니다. 더운 줄도, 추운 줄도 모릅니다.

　기운이란 사람을 싸고 있는 하나의 벽과 같습니다. 말하자면 우리가 얼음 속에 들어가 있다고 하면, 더위를 모릅니다. 혹은 또 더운 물속에 들어 가 있다고 하면, 추운 줄을 모릅니다. 기운도 마찬가지입니다.

　동물의 세계는 하나님께서 자연적으로 기운을 주셨습니다. 그 동물들은 옷을 입지 않고도 겨울에, 얼음 속에 쑥 들어가도 추운 줄 모릅니다. 북극의 곰들은 눈 속에 살면서도 추운 줄 모릅니다. 무엇 때문에 그렇게 추운 줄을 모르는가? '기' 때문에 추운 줄을 모릅니다. 남쪽에 사는 동물도 더운 줄을 모릅니다. 하나님께서는 오묘하게도 만드셨습니다.

　사람들에게도 하나님께서 '기'를 주셨습니다. 우리들이 자연을 자꾸 멀리 하는 동안 '기'가 그만 약해졌습니다. 그래서 자꾸 덥다거나, 춥다거나 하는 것입니다. '기'를 가지면 추워도 추운 줄 모르고, 더워도 더운 줄을 모릅니다. 운동선수도 농구 시합이니, 축구 시합을 할 때 보면 한 시간 계속 뛰는데, 보는 사람은 앉아 있기도 더운데 그 사람들은 얼마나 덥겠습니까. 그런데 그 사람들은 별로 더운 줄을 모릅니다. 왜? 그 사람들은 기체후이기 때문입니다.

　이 세상에서 가장 강한 것은 기운입니다. 우리가 어떻게 더위를 이겨야 하는가? 다시 기운을 회복하는 것입니다. 기운을 회복하는 것을 기압이라고 합니다. 기압을 받는다고 하지 않습니까. 군대에 가게 되면 약한 아이들까지도 자꾸자꾸 기압을 받아 세어집니다. 해병대들은 물개처럼 되고 마는데 추울 때도 그들은 그냥 물속에 뛰어 들어갑니다. 그래도 그들은 추운 줄을 모릅니다. 군대에서는 겨울에도 담요 한 두 장만 주는데 그 속에서 누구 하나 얼어 죽었다는 적은 없습니다. 기운 때문에 그런 것입니다. 기를 회복하는 것, 기후를 이기려면 어떻게 해야 되는가? 기체후가 되어야 합니다.

우리는 자꾸 기가 약해져서 몸이 무거워지고 나른해집니다. 조금 운동만 해도 숨이 찹니다. 기를 회복해야 합니다. 기압이라고 했는데 기를 집어넣는 것, 참 좋은 것입니다. 즉 신체를 단련시키는 것입니다. 단련을 갑자기 시키면 안 됩니다. 천천히, 천천히 시켜야 됩니다.

내가 처음 제주도에 갔을 때는 물속에만 들어가면 풍덩 빠지는 그런 상태였습니다. 제주도 사람들은 물속에서 두 달을 살 수 있다고 하더군요. 물이 참 더웠는데, 그래서 나도 피난 가서 할 것도 없고 해서, 한 두 달 동안 밤낮 바다에 가서 있었더니 나중엔 자연히 수영도 할 수 있게 되고, 몸도 튼튼해졌습니다. 20리 이상을 갈 수가 있게 되었습니다. 제주도 사람들을 보면 하루 종일 떠다닙니다.

우리는 흔히 여자가 약하다고 그러지만, 해녀 같은 사람들은 절대 여자가 약하지 않습니다. 제주도에 가 보면 알 수 있습니다. 추운 겨울 해녀가 바다 속에 들어 가길래, 흥미가 생겨 쫓아가서 나이가 어떻게 되셨습니까, 물으니까 73세라고 하더군요. 73세인 할머니가 영하 10도인 물속에 들어간 것입니다. 물속에 들어가서는 5, 6길이 되는 곳까지 들어가는 것입니다.

그러나 나 같은 사람은 그때에 수영을 배우고도 아무리 깊이 들어가려고 해 봐도 한 길쯤 들어가면 벌써 올라오는 것이었습니다. 바다 밑을 보면 전복이 붙어 있는데 그 사람들은 그 전복을 향해서 칼을 가지고 들어갑니다. 칼을 가지고 한꺼번에 싹 오려냅니다. 그렇지 않으면 전복이 바위에 달라붙고 맙니다. 해녀들은 꼭 둘이 한 쌍이 되어서 한 사람은 밖에서 기다립니다. 밖에서 기다리다가 나오지 않으면 곧 들어가 손에 맨 칼 끈을 잘라 줍니다. 몇 명씩 그룹을 지어서 다닙니다. 상어 떼들이 달려 붙으면 공동으로 막아내기 위함입니다.

그런데 그 사람들은 여름에 무엇을 먹는가 하고 보았더니 꽁보리밥이었습니다. 꽁보리밥에 호박 잎사귀를 갖다 놓고 상어를 잡아다가 그냥 회를 쳐서 먹더군요. 그렇게 먹는데 의심이 생겨 어떤 의사에게 물었습니다. 혹시 "제주도 사람 앓는 것과 육지 사람 앓는 것과 다른 점이 있습니까" 하고 말입니다. 그랬더니 제주도 사람들은 앓아도 잠깐 앓고 만다고 하더군요. 그 사람들은 몸이 그만큼 건강한 것입니다.

해녀들은 여름이 되면 한라산에 올라가서 나무를 해옵니다. 큰 나무 한 짐 지고서 20리 정도 되는 길을 내려옵니다. 그 사람들은 여름에 더운 줄도 모르고, 겨울에 추운 줄도 잘 모릅니다.

에스키모들은 눈 위에서 얼음에 구멍 하나를 뚫어 놓고서 창을 들고 물개가 나오기를 한주일 동안씩이나 지키고 있습니다. 그러고 보면 사람의 기라고 하는 것이 무섭습니다.

나는 제주도에 가서 해녀들의 이야기를 듣고 남자라는 것이 부끄러워졌습니다. 그래서 한번은 겨울 내내 바다에 들어가야겠다고 생각하고 그해 여름부터 계속 바다에 들어갔습니다. 1년을 그렇게 했더니 괜찮아, 서울에 올라와서도 여름부터 찬 물을 끼얹어서 겨울까지 1년 내내 찬물을 끼얹을 수가 있었습니다. 인간에게 단련은 무서운 것입니다.

지금 생각하면 겨울에 찬 물을 끼얹을 수 있을 것 같지 않지만 아마도 지금부터 끼얹기 시작하면 겨울에도 끼얹을 수 있을 것입니다. 이런 것을 소위 한문에서는 '밀이보密移步'라고 합니다. 조금씩, 조금씩 해나가는 것입니다. 옛날 말에 어렸을 때 송아지를 쳐들면 황소도 쳐든다는 말이 있습니다. 태양이 매일 조금씩 길어지기도 하고, 짧아지기도 하듯이 조금씩, 조금씩 늘면 마지막에는 무서운 힘이 나타납니다. 이것을 동양 사람들은 '도'라고 합니다. 이것을 기독교 말로 하면 '믿음' 입니다. 갈라디아서 2장 20절 "그리스도와 같이 십자가에 못 박혔으니, 이제는 내가 사는 것이 아니라 그리스도가 사는 것이다. 내가 육체로 사는 것은 나를 사랑하사 나를 위해서 몸을 버리신 하나님의 아들을 믿는 믿음으로 사는 것이다."

기체후라는 것이 하나님의 아들입니다. 제일 최고의 기체후가 누구인가? 예수 그리스도입니다. 예수 그리스도를 믿는 믿음이란 무엇인가? 예수 그리스도를 조금씩, 조금씩 닮아가는 것입니다.

믿음의 생활이 한꺼번에 무엇이 된다는 것이 아닙니다. 조금씩 되는 것입니다. 이런 것을 자연과의 화해라는 말로 표현합니다. 자연과 인간이 담을 터놓고 화해하는 것입니다. 성경 속에도 기독교 이야기 속에도 자연과의 화해라는 말이 많습니다.

성 프란시스코는 자연과 화해한 사람입니다. 그는 늑대한테도 설교를 했습니다. 그래도 물지 않았습니다. 인도의 기독교인 중 산다 싱이라는 사람이 있었는데 들판에 나가서 잘 때 코브라라는 독사가 가슴에 와도 물지 않았다고 합니다. 자연과 화해되었기 때문입니다.

인도 사람은 자연과의 화해를 굉장히 중요하게 생각합니다. 인도에서는 소들이 거리를 어슬렁 어슬렁 다니지 않습니까? "소를 잡아라. 사람도 못 먹는 것을 소를 주느냐." 이때 간디가 이렇게 설명했습니다. "자연과 인간이 완전히 원수가 되어서, 사람은 자연을 죽이고, 자연은 사람을 죽이는 데, 자연과 인간을 화해시킬 수 있는 다리가 소가 아니냐." 그리고 다시 간디는 또 이렇게 말했습니다. "예수님께서 네 이웃을 내 몸과 같이 사랑하라 하셨는데, 이때 이웃은 무엇인가. 자연이다. 자연을 죽이기 시작하니까 사람도 죽이는 것 아니냐. 자연을 죽이지 않게 되면, 사람도 안 죽인다." 이것이 간디의 '불살생不殺生' 사상입니다.

자연과의 화해, 이것을 성경 속에서 찾아보면 이사야서 11장 6절에서 9절을 들 수 있을 것입니다. 이것은 UN총회가 시작될 때, 맨 처음 읽은 성경 구절입니다. 거기에 무엇이라고 표현됐는가 하면 "이리가 어린 양과 같이 놀며, 표범이 염소와 같이 풀을 뜯고, 사자와 송아지가 같이 즐기고, 어린아이가 독사 굴에 손을 넣어도 독사가 손을 물지 않느냐." 이것이 자연과의 화해입니다.

이 말은 국가를 상징하는 것입니다. 소련 같은 국가는 곰이라고 그래야 되겠죠. 일본은 표범, 미국은 사자, 중공은 용이라고 그러든가 뱀이라고 표현할 수 있겠고, 북한의 김일성은 이리라고 해야 되겠습니다. 대한민국을 어린 아이라고 하면 제일 좋겠습니다. 대한민국이 이리와 사자와 표범과 독사와 손을 잡는 날이 올 것입니다. 그것이 하나님의 나라입니다.

앞으로 세계 정부가 되면 자연히 그렇게 될 것입니다. 인간과 자연과의 화해가 없으면, 세계의 국가와 국가의 화해가 없다는, 그런 사상입니다. 요한복음 1장 14절에 "말씀이, 육신이 되어 우리 가운데 거하니, 우리가 그 영광을 보니, 하나님 독생자의 영광이다. 거기에 은혜와 진리가 풍성하다." 말씀이 육신이 됐다는 것이, 화신化身이 되는 사상입니다. 인카네이션이라고 합니다. 왜 육신이 됐나? 자연과의 화해입니다. 화해하고 육신이 되는 것입니다.

화신이라는 사상은 마치 영화배우가 왕이 되기도 하고, 어떤 때는 가정부가 되기도 하고, 어떤 때는 머슴이 되기도 하고, 어떤 때는 무엇이 되기도 하는, 무엇이든지 되는 것입니다. 무엇이든지 되면, 무엇이든지 멋있게 해낼 수 있는 것입니다. 왕이 됐다고 잘난 것이 아닙니다. 연기가 좋아야 잘난 것입니다.

우리 인생은 하나의 무대입니다. 자신이 된 인생은 멋있게 살아가는 것입니다. 머슴이 되어도 멋있는 머슴이 되는 것입니다. 거기에 인생의 안심安心이 있고, 낙도樂道가 있지, 그것이 없으면 낙도가 있을 수 없습니다. 나는 지금 학교 선생인데, 나는 학교 선생으로서 멋있게 살아가려고 합니다. 학교 선생이 나에게 주어진 운명인 것입니다.

운명에 대해서 우리가 어떻게 대처해야 되나? 운명이 되는 것입니다. 그것이 곧 '운명애運命愛'입니다. 내가 선생님이 됐으면, 선생님으로서 멋있게 살고, 내가 여자가 됐으면 여자로서 멋있게 살고, 남자가 됐으면 남자로서 멋있게 사는 것이 화신, 즉 인카네이션이라는 것입니다.

예수님은 하나님이지만 사람이 됐습니다. 사람이 되어서 멋있게 살았습니다. 짧은 생이지만 도저히 누가 따를 수 없는 멋있는 삶을 살았습니다. 무엇이든지 될 수 있는 사람, 이런 사람을 마음이 가난한 자라고 말합니다. "마음이 가난한 자는 복이 있나니 천국이 저들의 것이요" 그것을 동양에서는 '무無'라는 말로 표현합니다. '절대 무'라는 것은 무엇이든지 될 수 있는 상태를 뜻합니다. 기독교 사상 속에서 인카네이션이라는 사상이 참 중요합니다. 이 사상이 없으면 우리가 자연과 화해할 수 없습니다. 하나님과 화해하는 것도 마찬가지입니다.

우리가 하나님의 종이 됐다고 하면, 우리가 하나님과 어떻게 화해해야 되는가? 하나님의 말씀과 화해하는 수밖에 없습니다. 하나님의 말씀, 성경이 얼마 안 된다고 말하지만 꽤 많습니다. 자기에게 필요한 만큼만 알면 됩니다. 목이 마르다고 해서 바닷물을 다 마실 필요는 없습니다. 한 컵이면 족합니다. 그래서 나는 늘 하나님의 말씀 한 마디로 족하다고 합니다. 우리가 한 말씀만 진짜로 알면 그것으로 족하면 됩니다.

하나님의 말씀을 알기 위해서는 하나님의 말씀을 자꾸 들어야 합니다. 자꾸 듣는 동안 저절로 알게 됩니다. 얼음이 녹듯이 조금씩, 조금씩 알게 됩니다. 나중에는 얼음이 녹아서 한 컵의

물이 되면 그것만 마시면 하나님과 완전히 하나가 되는 것입니다. 건강한 정신과 건강한 육체, 나는 인생에서 이처럼 중요한 것이 없다고 생각합니다.

요한복음 10장의 "하나님의 말씀을 받은 자는 하나님이다." 물 한 컵을 먹은 사람은 신이다. 그렇게 되면 하나님과 통하는 것입니다. 자연과 통하고, 하나님과 통하고, 그런 사람이 바로 건강한 정신과 건강한 육체를 가진 것입니다.

신앙이란 무엇인가? 건강을 회복하는 것입니다. "내가 육신으로 산 것은 나를 사랑하사 자기 몸을 우리를 위해서 버리신 하나님의 아들을 믿는 믿음입니다."

믿음이란 무엇인가? 건강입니다. 건강한 정신과 건강한 육체입니다. 믿음이 건강과 상관이 없으면, 그것은 믿음이 아닙니다. 예수님께서 "네 믿음으로 병이 나았다"고 합니다. 기가 회복된 것입니다. 정의의 종이란 건강이 회복된 하나님의 아들입니다. 그것이 로마서 6장 15절에서 23절의 말씀입니다.

결혼의 비의秘義

1983년 8월 14일

로마서 7:1~6

친애하는 형제 여러분, 여러분도 이와 같이 그리스도와 한 몸이 되어 죽음으로써 율법의 제약에서 벗어나 다른 분, 곧 죽은 자들 가운데서 살아나신 그리스도의 사람이 되고 하나님께 유용한 사람들이 되었습니다.

오늘은 중요한 말씀, 곧 '결혼'이라는 말을 하겠습니다. 보통 우리 사회에서는 결혼에 대해서 별로 생각을 하지 않습니다. 그러나 어떤 종교나 사상이든지 결혼에 대해서 깊이 생각합니다. 그 가운데서도 기독교야말로 결혼에 대해서 가장 깊이 생각하는 종교가 아닌가 생각합니다.

어떤 사람들은 결혼은 기독교에서 시작되었다고 말합니다. 이 말은 기독교처럼 결혼을 심각하고 확실하게 이해한 종교는 없다는 뜻으로 이해해야 될 것 같습니다. 다른 데서도 결혼에 대해서 생각한 것이 있겠고, 인류가 결혼을 한 지도 몇 천 년, 몇 만 년 됩니다.

동양에서도 결혼에 대해서 많이 생각했습니다. 공자는 "결혼이란 그 의미가 너무 깊어서 성현들도 다 이해할 수 없다"고 말했습니다. 공자가 그런 말을 한 것을 보면, 그 역시 결혼에 대해서 굉장히 깊이 생각한 모양입니다.

결혼은 우리가 다 아는 평범한 일상생활의 한 토막 같은데, 그 평범한 것이 알기가 제일 어렵습니다. 우리에게 너무나 가깝기 때문에 알기가 더욱더 어려운 것인지도 모르겠습니다. 비유하면 눈썹이 너무 가까워서 눈썹을 볼 수 없는 것처럼 결혼도 우리에게 너무 가까이 있기 때문에 우리에게 보여질 수가 없는 어려움이 내포되어 있는 것이 아닌가 생각됩니다.

우리 인생에서 알 수 없는 가장 어려운, 깊은 의미를 찾는 것이 종교나 철학이라고 할 수 있습니다. 그 종교나 철학이 추구하는 것도 결혼은 무엇인가라는 문제로 귀결되고 맙니다.

결혼이 무엇인가? 그 문제를 독특하게 우리가 연구한 학문이 성리학입니다. 성리학性理學이라는 '성' 자가 남성·여성이라는 '성' 자도 되지만 성인이라는 성 자도 됩니다. 마음 심心 변에 날 생生, 성性 자는 산 정신이라는 뜻입니다. 하이데거도 자기 철학을 '산 정신의 철학'이라고 합니다. 다른 말로 성리학이라는 말입니다. 정신의 원리와 남성·여성이라는 성의 원리와 공통점이 있기 때문입니다.

　기독교에서 가장 중요한 성의 원리는, 창세기 1장에 나오는, "하나님께서 사람을 지으실 때에 한 남자와 한 여자로 만드셨다." 그리고 창세기 2장에 하나님이 아담의 갈비뼈로 여자를 만드시고 "이는 내 뼈의 뼈요, 살의 살이다. 이러므로 남자가 부모를 떠나, 그 아내와 연합하여 둘이 한 몸을 이룰 지로다" 하는 말씀입니다. 예수님께서도 이 말들을 마태복음 19장에 인용하여, "하나님께서 한 남자와 한 여자를 창조하시고, 축복해 주셨으므로 하나님께서 짝지어 주신 것을 사람이 나눌 수 없다"라고 말씀했습니다. 일부일처제라고 하는 이 원칙이 기독교에서 시작됐다는 하는 말은 마태복음 19장의 예수님 말씀에 근거시키는 것입니다.

　바울은 예수님의 말씀을 자기 식으로 해석하였습니다. 에베소서 5장에 보면 "남자가 여자를 사랑하여라. 여자는 남자에게 순종 하여라"는 말이 있습니다. 사랑과 순종 또는 순종과 존경, 그런 말을 사용하다가 마지막에 가서는 "그리스도와 교회가 남자와 여자와의 관계가 되었다"고 말했습니다.

　남자와 여자가 하나가 된 것처럼, 그리스도와 교회가 하나입니다. 그런데 남자와 여자가 하나라는 것은 누구나 알 것 같은데 그리스도와 교회가 하나라는 것은 쉬운 말이 아닙니다. 그리스도와 교회가 하나 됨의 의미는 하도 깊고 어려워서 이것을 '비의秘義'라고 합니다. 깊은 뜻이 그 속에 포함되었다는 의미입니다. 그렇다면 남자와 여자가 하나라는 것도 깊이 생각해 보면 그리 쉬운 말이 아닙니다. 그래서 남자와 여자가 하나 되는 것도 비의입니다. 성경에서 비의 또는 오의奧義라는 말을 쓰고 있습니다. 주역에 보면 "결혼은 어리석은 남자와 어리석은 여자도 할 수 있으나 그러나 결혼의 비의는 성현들도 알 수 없다"는 말이 있습니다.

묵시록 19장에는 그리스도라는 말 대신에 어린 양이라는 말을 쓰고, 역사의 목적을 어린 양의 혼인이라고 합니다. 그리고 21장에도 "새 하늘과 새 땅이 보인다. 그리고 새 예루살렘이 신부처럼 단장하고 하늘에서 내린다"고 하여 신랑과 신부의 비의가 우주의 완성임을 극적으로 표현합니다. 그리하여 하나님의 영광이 해처럼 빛나고, 그리스도의 진리가 등불처럼 밝혀진다고 하였습니다. 기독교의 궁극적인 이상은 바로 어린 양의 혼인에 있습니다.

보통 세상 사람들은 결혼을 대단한 것으로 생각하지 않는 사람이 많습니다. 어떤 작가는 "결혼은 새장 같은 것이다. 밖에 있는 것들은 새장에 들어가지 못해 야단이고, 안에 있는 새들은 나오지 못해 야단이다"라고 말했습니다. 시집갈 나이가 됐는데 시집 못 가서 야단인 사람들은, 밖에서 안에 있는 새들을 부러워하는 것과 비슷합니다. 일단 새장 속에 갇혀 있는 새들은 나오지 못해서 야단인데, 결혼이 바로 이와 같다고 말했습니다.

소크라테스한테 어떤 청년이 "결혼을 할까요, 말까요?"라고 묻자 "결혼을 해도 후회하고, 결혼을 하지 않아도 후회할 것이다"라고 대답했다고 합니다. 이런 말들을 종합해 보면 기독교에서 말하는 것과는 달리 훨씬 부정적인 것이라고 볼 수 있습니다. 어쨌든 결혼이 언제부터 시작됐는지는 모르지만 인간관계에 있어서 핵심이라는 것만큼은 확실합니다.

키에르케고르는 자기 철학의 핵심을 설명하는데 '관계' 라는 말을 사용했습니다. 나는 무엇인가? 나는 하나의 관계이다. 여러 가지 관계 가운데서 가장 핵심적인 관계가 결혼이라는 관계입니다. 남녀의 관계입니다. 너 자신을 알라는 것이 철학인데, 그러면 나라는 것이 무엇인가? 아버지와 어머니가 하나가 되어서 된 것입니다. 아버지 플러스 어머니가 '나' 인 것은 아닙니다. 아버지, 어머니의 어떤 내용을 내포하고 있으면서도 아버지, 어머니보다 더 좋은 점을 내가 가지고도 있습니다. 이것을 철학에서는 '지양止揚' 이라고 합니다.

지양은 내 속에 아버지, 어머니의 어떤 것을 보존하고 있다는 말입니다. 어린아이들을 보면 한결같이 부모들을 닮았습니다. 어떤 아버지와 아들, 둘 다를 내가 잘 아는 사람이 있었습니다. 아버지에게 머리를 긁는 버릇이 있었는데, 그 아들도 똑

같이 머리를 긁는 버릇이 있었습니다. 이것이 보존이라는 것입니다. 아버지의 눈으로 보면 자기보존입니다. 그것으로 끝나는 것이 아니라 아버지, 어머니를 훨씬 넘어서는 새로운 어떤 내용을 가집니다. 이것이 앙양仰揚입니다. 쉽게 말하면, 아버지와 어머니의 혼을 내 속에 보존하고, 동시에 아버지의 어머니를 넘어서는 것입니다. 내재內在하면서 동시에 초재超在하는 것입니다.

하나님은 어떤 분이신가? 우리는 보통 초재이면서 내재하신 분이라고 합니다. 하나님의 형상대로 지었다 하는 말도 내재이면서 초재라고 말할 수 있습니다. 내재하고 초재한다고 말할 때에 제일 알기 쉬운 것은 부모님과 나와의 관계입니다. 아버지, 어머니를 내 속에 내재시키면서 동시에 아버지, 어머니를 초재하고 있는 것을 지양이라고 합니다. 아버지, 어머니와 같으면서 아버지, 어머니보다 앞섰다는 것입니다. 아버지와 아들 관계, 선생과 제자 관계에서, 아들은 아버지가 될 것이고, 학생은 선생이 될 수 있습니다.

그러나 남자는 여자가 될 수 없습니다. 남녀는 절대적인 양극입니다. 모순입니다. 그런데 종교도 모순의 자기통일입니다. 율곡 선생은 이것을 둘이 하나가 되고, 하나가 둘이 된다고 표현합니다. 율곡의 핵심 철학이 이이일二而一이고, 일이이一而二입니다. 율곡의 제자 중 성우계成牛溪라는 사람이 있었는데, 아무리 설명을 해도 이해를 못했답니다. 율곡의 편지를 읽어보면 율곡도 꽤 속을 태웠습니다. 자기 철학의 핵심이 성리학이요, 성리학의 핵심이 모순의 자기통일입니다. 서양식으로 말하면 지양止揚입니다.

변증법에서 가장 중요한 것이 지양입니다. 이것을 잘 이해하지 못하기 때문에 이것을 이해시키려고 굉장히 애를 씁니다. 이것을 비의秘義라고 합니다. 비의를 이해할 사람이 누구냐? 정말 안타깝다는 것입니다. 오늘 내가 말하는 것이 굉장히 중요합니다. 둘이 하나가 됐다. 공간적으로 보면 모순의 자기통일이고, 시간적으로 보면 지양입니다.

인생은 가만히 있는 것이 아니고 발전하는 것입니다. 어떤 식으로 발전하느냐? 변증법적으로 발전한다는 것입니다. 변증법적으로 발전한다는 것은 정반합으로 발전한다는 뜻이며, 더 쉬운 말로 세 단계로 발전한다는 뜻입니다. 있다, 없다, 됐다, 그런 식으로 발전하는 것을 지양이라고 합니다.

딸이 아내로 발전해서 어머니가 됩니다. 딸의 본성은 있다는 것이고, 아내의 본성은 없다는 것이며, 어머니의 본성은 됐다는 것입니다. 동양식으로 말할 때에는 소아小我가 무아無我가 됐다가 대아大我가 된다, 라고 말합니다. 둘이 하나가 되는 것이 아내요, 하나가 둘이 되는 것이 어머니입니다. 가장 중요한 것은 둘이 하나가 되는 것, 하나가 둘이 되는 것입니다. 결혼과 생산입니다. 딸이 아내가 되고, 아내가 어머니가 됩니다. 이것이 인간의 3단계 발전입니다. 이것이 정신적 발전이 될 때 로마서 7장이 됩니다.

교회에서 결혼식을 할 때에는 남자는 반드시 까만 옷을 입습니다. 왜 검은 옷을 입는가 하면 죽었다는 것을 표시하기 위해 검은 옷을 입는 것입니다. 여자는 하얀 옷을 입습니다. 죽어서 무덤 속에 들어갈 때 모시로 감는데 그것을 표현하는 것입니다. 남자도 완전히 죽었다는 것을 표시하는 것이고, 여자도 완전히 죽었다는 것을 의미합니다. 여자가 드는 꽃이 하나 있습니다. 본래 그 꽃은 흰 꽃입니다. 요새는 어떤 사람은 무식해서 빨간 꽃도 들고 나옵니다. 흰 꽃은 백합인데, 백합은 부활절 아침에 핀 꽃이라고 합니다. 여자는 부활을 뜻하는 것입니다. 죽었다가 다시 살아났다는 것입니다. 결혼식에서 상징하는 것이 십자가요, 부활인 것입니다.

로마서 7장에 보면 "그리스도와 같이 십자가에서 죽고, 그리스도와 같이 부활 한다"라는 말이 있습니다. 이것을 동양식으로 표현하면 십자가에 죽었다는 말은 무아가 되었다는 말이고, 부활하였다는 말은 대아가 되었다는 말입니다.

결혼의 의미는 '십자가 부활'이라는 인류최고의 비의가 들어 있습니다. 비의란 무아와 대아라는 뜻입니다. 인생의 근본 문제입니다. 인생은 정말 어떻게 되는 것일까? 대아가 되는 것입니다. 무아가 되었다가 대아가 되는 것입니다.

결혼이란 엄격하게 말한다면 결혼하는 순간에 두 사람이 다 죽어야 합니다. 그래서 동양 사람들은 혼례는 상례로 처한다고 했습니다. 남자 쪽에서는 사흘 동안 풍악을 울리지 않고, 여자 쪽에서는 사흘 동안 불을 끄지 않습니다. 그런 비밀이 혼례 속에 있습니다. 왜냐하면 상례로 하기 때문입니다. 그것이 십자가와 부활의 비의입니다. 다른 말로, 무아와 대아입니다. 어떻게 소아가 무아가 되고, 무아가 대아가 되는가? 그것이 중요합니다.

공자는 결혼에는 4가지 없어야 할 것이 있다고 말했습니다. 무의無意, 무아無我, 무고無固, 무필無必, 즉 자기 뜻이 없어져야 하고, 자기 고집이 없어져야 하고, 자기 자신이 없어져야 하고, 자기 생각이 없어져야 한다는 것입니다.

특히 현대 사람들에게는 신랑과 신부라는 관계가 나와 너와의 관계가 아니고, 나와 그것과의 관계로 변해가고 있습니다. 옛날, 신랑 신부는 '나와 너'가 결혼했는데 요즘은 '나와 그것'과 결혼한다는 말입니다. 그것 속에는 다이아몬드도 들어가겠습니다. 이런 말을 철학에서는 '존재와 소유'라고 말합니다.

어떻게 하면 무아가 되는가? '너'를 만나면 무아가 됩니다. '너'가 누구인가? 기독교에서는 그리스도를 말합니다. 바울 선생의 고린도후서 11장 1절에 보면 "나는 무엇 하는 사람인가? 나는 중매하는 사람이다. 내가 이제 너희들을 그리스도와 결혼을 시키려고 한다"라고 했습니다.

그리스도와 결혼하는 것이 신앙이라고 할 수 있습니다. 고린도후서 7장에 보면 "될 수 있는 대로 나처럼 지내라"는 말이 있습니다. 여기에서 나처럼 지내라는 말은 그리스도와 결혼하고 지내라는 말입니다. 마태복음 19장에 보면, 날 때부터 고자가 된 사람도 있고, 스스로 고자가 된 사람도 있고, 하나님의 진리 때문에 고자가 된 사람도 있다고 하였습니다.

이 세상에서 일체를 초월할 수 있는 비밀은 어디에 있는가? 그리스도와의 결혼입니다. 내가 육에 있으면서, 영으로서 삶이, 새로워지는 삶입니다. 키에르케고르는 살면 살수록 새로워지는 것이 결혼이라고 했습니다. 마치 샘물이 흐르는 것처럼 새로워진다는 것입니다. 인간은 그리스도와 결혼을 할 때 새로운 인생이 되는 것입니다. 키에르케고르는 "결혼은 인생이다"라고 말합니다. 결혼을 통해서 인간은 무아를 경험하기 때문입니다. 인간이 무아를 통해 대아가 될 때 참다운 인생이 되는 것입니다.

율 법

1983년 8월 28일

로마서 7:7~12

 죄는 이 계명을 기화로 내 속에 온갖 탐욕을 일으켰습니다. 율법이 없다면 죄는 죽은 것이나 다름이 없습니다. 나는 전에 율법이 없을 때에는 살았었는데 계명이 들어오자 죄는 살아나고 나는 죽었습니다. 그래서 생명을 가져다주어야 할 그 계명이 나에게 오히려 죽음을 가져왔다는 것을 깨달았습니다.

 오늘은 로마서 7장 7절에서부터 12절에 있는 〈율법〉에 대해서 말씀드리겠습니다.
 율법은 원래 좋은 것이었는데, 이제 나쁘게 됐습니다. 그래서 이제는 율법만 가지고는 안 됩니다. 본래 좋은 것인데 그것이 나빠졌으니까 그 사실을 밝혀내야 합니다.

왜 그렇게 나빠졌는가? 법이란 단순히 법률이라기보다는 유태사람들의 모든 정신생활의 근본이 되는 것을 말합니다. 그러니까 종교, 철학, 도덕, 법률, 모든 유태사람들의 생활의 근거가 되는 것을 이 사람들이 율법이라고 합니다. 넓게 말할 때 모세 5경을 율법이라고 하는데, 모세 5경에는 창세기, 출애굽기, 레위기, 민수기, 신명기가 있으며, 모두 율법에 대해서 기록한 것입니다. 그래서 우리는 모세라는 사람을 대표해서 모세 5경이라고도 말하는데 율법과 모세를 같이 말할 때도 있습니다.

모세는 이스라엘 민족을 해방시킨 사람입니다. 결국 이스라엘 민족을 해방시켜 준 그 내용이 율법입니다. 그래서 한마디로 말하면 하나님께서 이스라엘을 애급의 노예 생활에서 건져 주었다는 것이 율법의 핵심입니다. 쉽게 말하면, 하나님의 사랑입니다. 하나님의 사랑, 이것이 율법의 핵심입니다. 그 하나님의 사랑에 대해 이스라엘 민족의 반응, 쉽게 말하면 하나님에 대한 사랑입니다. 하나님이 이스라엘 백성을 사랑하는 것이나 이스라엘 백성이 하나님을 사랑하는 것이나 마찬가지입니다. 어머니가 어린애를 사랑하는 것이나, 어린애가 어머니를 사랑하는 것이나 마찬가지입니다. 그 사랑은 달라지는 사랑이 아닙니다. 그것이 율법의 핵심입니다. 그래서 예수님께서도 율법에 대해서 굉장히 엄하게 말씀하셨습니다. "율법의 일점일획까지도 그것을 무시하는 사람은 절대 용서 받을 수 없다. 율법을 잘못 가르치는 사람은 절대로 용서받을 수 없다"고 말씀하셨습니다. 그리고 "내가 온 것은 율법을 없이 하러 온 것이 아니라, 율법을 완성하러 왔다"고 마태복음 5장 17절에 기록되어 있습니다.

하나님은 사랑인데 하나님의 사랑을 없앤다는 것은 말이 안 됩니다. 하나님의 사랑을 드러내는 것이지, 하나님의 사랑을 없애는 것이 아닙니다. 그러니까 율법은 간단한 것입니다. 한마디로 하나님의 사랑, 혹은 또 우리가 하나님을 사랑한다는 것입니다. 그런 말을 우리 식으로 표현하면 우리의 영성靈性이 깨어나는 것입니다. 하나님의 영성, 우리들의 영성이 깨는 것, 이것이 하나님의 사랑입니다. 이것을 바울 선생의 말로 바꾸어보면 갈라디아서 5장 22절, 23절, 결국 '성령의 열매'라는 말로 표현할 수 있습니다.

하나님의 사랑, 또 우리의 하나님의 대한 사랑, 그것을 영이라고 합니다. 그 영은 성령聖靈입니다. 성령의 열매, 즉 사랑과 희락과 화평과 인내와 자비와 양선과 충성과 온유와 절제입니다. 그러니까 전체적으로 말하면 하나의 사랑입니다. 사랑이란 이렇게, 저렇게도 할 수 없는 절대적인 것입니다.

그런데 율법을 전문한 사람들이 이 절대적인 것을 상대적인 것으로 떨어뜨리게 한 것입니다. 누가복음 10장 25절을 보면, 어떤 율법가가 — 율법가란 율법을 가르치는 선생님들입니다. 요즘의 변호사 같은 사람입니다 — 예수님께 물었습니다.

"어떻게 하면 영생을 얻습니까?" 이게 벌써 정신 나간 사람입니다. 정신이 깨어 있는 상태를 영생永生이라고 합니다. 그러니까 영생이란 내 상태인데 그것을 다른 사람에게 물을 수 있겠습니까? 비유해서 말하면 다른 사람에게 "내 주머니에 돈이 얼마 들어 있습니까"라고 묻는 거나 마찬가지입니다.

영생은 자기가 느껴서 아는 것이지 남에게 물을 성질의 것이 아닙니다. 그러나 율법가가 영생이 무엇인가 묻고 있습니다. 아마 그 물음에 대해서 예수님께서 "네가 율법의 선생인데, 그 율법에 무엇이라고 써 있더냐"라고 반문했습니다. 그랬더니 이 사람이 "마음을 다하고, 정성을 다하고, 뜻을 다하여 하나님을 사랑하고, 이웃을 내 몸과 같이 사랑하는 것"이라고 대답했습니다. 벌써 둘로 갈라놓은 것이 잘못입니다.

예수님 마음 같아서는 틀렸다고 했을 것입니다. 하나님을 사랑하고, 이웃을 사랑하고, 이렇게 두 가지로 자르는 것이 아닙니다. 하나님을 사랑하는 것이 먼저인가, 이웃을 사랑하는 것이 먼저인가? 신학자들이 말이 많습니다. 그건 벌써 정신 나간 사람들입니다. 둘로 갈리면 지옥으로 떨어집니다.

사랑, 희락, 화평, 이것은 누구를 사랑하라는 말도 아니고, 누구를 어떻게 하라는 말이 아닙니다. 내가 사랑이면 그대로 사랑입니다. 하나님도 사랑하고, 이웃도 사랑하고, 친구도 사랑하고 다 사랑하는 것입니다. 무슨 하나님을 사랑하는 것이 제1 계명이니 혹은 이웃을 사랑하는 것이 제2 계명이니, 그런 게 아닙니다. 벌써 이 율법가는 머리가 땅에 깨어져 있습니다. 사랑은 그대로 사랑이고, 자비는 그대로 자비고, 충성은 그대로 충성이지 무엇이 첫 번째이고, 무엇이 두 번째이고, 그런 것이 아닙니다.

지도무난유혐간택至道無難唯嫌揀擇이라는 말이 있습니다. '지도'란 절대라는 말입니다. 이 절대를 두 개로 가르려고 하면 벌써 지옥에 떨어집니다. 신학자들이 이웃을 사랑하는 것이 먼저냐? 하나님을 사랑하는 것이 먼저냐? 이것이 벌써 얼빠진 말입니다. 그게 아닙니다. 그러니까 율법을 두 개로 나누어서 대답하는 율법사의 대답은 이미 틀렸다는 것입니다. 하여튼 "네 말이 그러니 한 번 가서 해봐라." 예수님께서 대답하셨습니다. 해봐서 되는가? 되지 않습니다. 깨져 있는 영혼이 어떻게 맞춰지겠습니까. 안 됩니다. 벌써 깨지면 안 되는 겁니다.

그런데 모세 십계명에 보면 열 개로 깨집니다. 잘못입니다. 열 개로 깨질 성질의 것이 아니기 때문입니다. 그러니까 그것은 결국 하나님의 사랑에 대한 모세의 해석이라고 생각합니다. "하나님을 사랑하면 다른 신을 섬길 수도 없고, 우상을 섬길 수도 없다. 섬기지 말아라"가 아닙니다. 섬길 수도 없고, 하나님의 이름을 망령되이 부를 수도 없는 것입니다. 사람을 사랑하면 사람을 죽일 수 없는 것이나 마찬가지입니다. "살인하지 말라"가 아닙니다. 남의 것(물건)을 빼앗을 수 없는 겁니다. 남의 아내를 빼앗을 수도 없는 겁니다.

그런데 이 사람들이 어떻게 생각했는가 하면 율법을 지키려고 했습니다. 율법을 지키면 하나님을 사랑하는 것이 되지 않겠느냐는 것입니다. 하나님을 사랑하면 사람을 죽일 수도 없고, 다른 신을 섬길 수도 없지만, 다른 신을 섬기지 않는다고 해서, 그것이 하나님을 사랑하는 것은 되지 않습니다. 사람을 죽이지 않는 것이 사람을 사랑하는 것은 되지 않습니다.

비가 오면 땅은 젖으나, 땅이 젖었다고 반드시 비가 온 것은 아닙니다. 그것은 물을 뿌린 것일 수도 있습니다. 이것이 바로 이스라엘이 망한 원인입니다. 거꾸로도 된다고 생각했던 것입니다. 그러니까 ~하지 말라, ~하지 말라, 이것을 지키면 된다. 그것을 지켰다고 해서 하등 되는 것이 없습니다. 우리가 지금 에스키모 사람들을 죽이지 않았다고 해서 우리가 에스키모 사람들을 사랑하는 것은 아닙니다. 멀리 있어서 죽이지 않은 것뿐입니다. 그러니까 율법을 백 번 아니라 천 번 지켜보았자 하나님을 사랑하는 것과는 상관이 없습니다. 하등 상관이 없는 것을 이스라엘 사람은 몇 천 년 해왔습니다. 그것이 이스라엘이 망한 원인입니다.

율법을 이 사람들이 지키라고 하니까, 세 개 지키는 것보다 네 개 지키는 것이 더 좋은 것이고, 다섯 개 지키는 것이 더 좋은 것이고, 열 개 지키는 것보다 스무 개 지키는 것이 더 좋을 것이고, 자꾸 지키려는 식입니다. 삼년 고개에 가서 뭐 어떻게 하라고 하니까 떼굴떼굴 자꾸 넘어졌다고 하는 식이나 마찬가지입니다. 그래서 이 율법이 몇 가지나 되었는가 하면 대개 260가지나 되었다고 합니다. 260가지가 되니까 보통 사람들은 그것을 기억할 수도 없었습니다. 그래서 이 율법을 전문적으로 기억하는 사람이 나옵니다. 길가다가 밀 이삭을 비벼먹어도 안 된다는 등, 안식일이면 십 리를 가면 안 된다든가, 밥 먹을 때에는 팔목에서 팔뚝까지 소매를 걷어 붙여야 한다는 등 많이 있습니다.

그런데 요새 법률도 마찬가지입니다. 법(律)도 쪼개기 시작하면 몇 천 조, 몇 만 조로 갈라집니다. 그렇게 되어 우리와 하등의 상관이 없는 것이 되어버립니다. 법이 어디서 무엇을 하는 것인지, 일반 대중과는 상관이 없는 것입니다. 이렇게 되면 전문가들이 그것을 알고 무슨 사건이 생기면 그것을 가지고 밥벌이를 하고 돈벌이를 하고 할 뿐만 아니라 마침내는 시골사람들이 무슨 일이 있어서 재판을 한다고 하면 악덕 변호사들이 속여가지고 있는 돈을 모조리 다 빼앗아 먹고 맙니다. 법이 사람을 울리는, 사람을 죽이는, 그런 경우도 많이 있습니다. 이것은 법의 잘못이 아닙니다. 사람의 잘못입니다. 법을 악용하는 것입니다.

벌써 법의 정신은 다 없어지고 그들이 법을 지켜야 한다고 할 때는 벌써 그들의 마음속에 하나님과 이미 아주 떨어지고 말았습니다. 그리고 그것이 나중에 갈기갈기 쪼개질 때에 백성들을 우롱하고 못 살게 한 것입니다. 법만 그런 것이 아닙니다. 다 그렇습니다.

의사, 의학, 모두 좋은 것입니다. 사람의 병을 고치는 좋은 것입니다. 그러나 의사가 되어서는 한 번 주사만 맞으면 나을 것을 약도 물 타서 주고, 내일 또 오라든가, 모레도 오라든가 하면서 계속 착취합니다. 그렇게 되면 그것은 나쁜 것입니다. 과학도 그렇습니다. 약이란 본래 사람을 살리는 것인데, 약 때문에 사람이 죽는 경우가 참 많습니다.

옛날에 이런 말이 있습니다. 병은 사람을 죽이지 못하는데 약이 사람을 죽인다. 약능살인藥能殺人이라고 합니다. 요새 약 때문에 죽는 사람이 많습니다. 왜 그렇게 약을 많이 먹습니까. 길을 가다가도 흔히 드링크제를 사먹는데 드링크에는 아편이 많이 들어가 있어 얼마큼 복용한 후에는 안 먹으면 못 견딥니다. 그로 인해 자꾸 먹다보니 중독이 되어서 죽는 그런 경우를 보지 않습니까. 병충이 있다, 잡초가 생겼다고 해서 잡초를 죽이기 위해 농약을 씁니다. 농약을 치면 물론 병들었던 것이 살아나지만 농약이 땅에 스며들면 땅 속이 전부 중독이 되고 맙니다. 또 그로 인해서 물이 다 독물이 되고 맙니다. 강물이 독물이 되고, 바닷물이 중독이 되어서 모두 떼죽음을 당하지 않습니까.

옛날 사람들은 약병상치藥病常治라는 말을 썼습니다. 약이 병을 고쳐주는 것인데, 나중에는 병이 약을 이용해서 병을 더 크게 만든다. 애초에는 좋은 것인데 잘못 쓰면 자꾸 나빠져 전체가 망하고 맙니다. 과학도 마찬가지입니다. 과학이 생활을 편리하게 하는 것은 얼마나 좋습니까. 그러나 자동차가 부산에 가는 동안에 거기서 나쁜 공기가 나와서 공기가 자꾸 오염되고 맙니다. 그래서 언제나 많은 사람들의 폐에 나쁜 영향을 줍니다. 공장의 폐수, 몇 사람이 돈을 버는 것은 좋은데 많은 사람들이 지금 희생되고 있습니다.

미국의 실업가 듀랜트(William C. Durant)란 사람은, 과학이란 무엇인가? "소매금으로 살리고, 도매금으로 죽이는 것이다"라고 합니다. 병원에 가보면 지금 열 달 차지도 못한 아이를 꺼내가지고 인큐베이터에 집어넣어 살리려고들 합니다. 그렇게 살리려고 할 때는 언제고 원자탄을 떨어뜨려 몇 십만 명씩 한꺼번에 죽이는 것은 언젠지 알 수 없는 것입니다. 그러니까 조금 살리려고 할 때는 야단을 치면서 생명의 존귀니 뭐니 하고, 그러다가도 미사일이니 뭐니 쏘아서 다 죽일 때에는 몇 십만, 몇 백만 명이 문제시되지 않습니다. 조금 살리겠다고 야단법석을 하고, 많이 죽게 하는 것은 무슨 짓입니까.

자꾸 석유를 캐내 아라비아 옆에 있는 바다는 석유로 너무 오염이 되어 있다고 합니다. 얼마 전에 이란과 이라크가 싸우다가 석유 파이프가 터졌다는데 그러나 전쟁 때문에 막을 수가 없었습니다. 언젠가 뉴스를 보니까 바다 위에 기름이 1m나 덮였다고 하더군요. 이것이 자꾸자꾸 퍼져 나가면 바다위에 비닐처럼 달라붙게 된다는 것입니다. 엷은 비닐이 바다를 덮으면 공기도 끼어 들어가지 못해서 그 속에 있는 미생물 플랑크톤이 다 죽어버리고, 다 죽으면 그 안에 있는 생명들이 먹을 것이 없어져서 또 다 죽게 되는 것입니다. 그것도 중요하지만 햇볕이 쪼여서 물을 증발하려고 해도 막이 덮여서 수증기가 올라가지 못해 비가 오지 않는다는 것입니다.

　　이렇게 과학이라고 하는 것 때문에 기술문명이 생기고, 기술문명 때문에 자본 축적이 생기고, 몇 사람 돈 벌게 하려다가 전 인류가 결국 결단 나서 죽게 되는 것입니다. 이런 것은 과학의 잘못이 아니라 과학을 악용하는 것이 잘못입니다.

　　그러니까 전체를 먼저 생각해서 무엇을 생각해야지, 자기만 생각하고 남은 다 죽어도 좋다는 식의 생각은 안 됩니다. 항상 공장의 폐수는 여과해서 내보내라고 하지만 그렇게 하지 않고 있지 않습니까. 고추 파는 사람들이 농약을 친 고추는 도시에 갖다 팔고 자기들은 농약을 치지 않은 것을 먹는다는 기사를 얼마 전에 신문에서 읽었습니다. 저 하나 돈을 벌겠다고 사람들을 죽이는 이것도 너무 이기적인 행위입니다. 이런 죄악 때문에 좋은 과학이 나쁜 것이 되는 것입니다.

　율법은 좋은 건데 악용되었기 때문에 나빠진 것입니다. 율법 가지고는, 과학 가지고는 통 안 됩니다. 종교도 좋은 겁니다. 이조 오백 년 공자의 유교가 들어왔습니다. 공자의 유교 내용을 말하면 어질 인仁 자, 사랑인데 얼마나 좋습니까. 그런데 이 사람들이 유교를 받아들여서 유교를 가지고 사색당파를 만들었습니다. 그로 말미암아 자꾸 싸우기 시작했고 마침내는 얼마 안가서 다 갈라져 서로 죽이고 말았습니다. 나중에는 찌꺼기만 남아 그만 나라가 망하고 만 것입니다. 공자나 유교가 잘못됐다고 말할 수 있겠습니까. 사랑하라는 말이 잘못됐다고 말할 수 있습니까. 중국에서는 유교가 몇 천 년이 되도 사색당파라는 것이 나오지 않았는데 왜 우리가 그것을 가지고 싸웁니까.

　요새 기독교는 또 어떤 꼴이 되어갑니까. 요즈음처럼 기독교에 대해 말이 많고, 어떤 사람이 탈세를 했다, 사기를 했다고 말하는데, 왜 장로라는 것을 그렇게 내세웁니까. 장로가 탈세하고 사기하는 것입니까. 그렇다고 해서 아무개 장로 사기 행위를 예수님이 책임집니까. 율법이 나쁜 것이 아닙니다. 유태사람들이 나쁜 것입니다. 기독교가 나쁜 것이 아닙니다. 사람이 나쁩니다.

　그 당시 율법을 전문한 사람들이 얼마나 나빠졌는가 하면,

이 놈들은 천국 문을 딱 막아놓고 자기들도 안 들어가고, 남들도 못 들어가게 하였습니다. 이 사람들은 온 땅에서 한 사람 신자를 만들어서 그 사람을 더 심한 지옥으로 떨어뜨리려고 하였습니다. 이 사람들은 성전을 굉장히 장식하고 금덩어리만 바랍니다.

믿음과 사랑과 의리로 십일조를 내는가. 아닙니다. 이 사람들 속에는 탐욕과 방탕으로 가득 차 있고, 회칠한 무덤과 같으며, 속에는 더러운 것으로 가득 차 있었으나 겉은 번지르 하였고, 이 사람들은, 애국자의 무덤은 자꾸 치장하면서 결국은 의로운 사람을 자꾸 못살게 굴었으며, 그 결과 정녕 하나님의 아들인 예수를 죽이는 것입니다. 제사장, 바리새교인, 서기관, 학자, 모든 사람들이 하나가 되어 가지고 죄 없는 사람을 죽였습니다.

선한 사람에게는 악이 들어가도 악이 변해서 선이 되고, 악한 사람에게는 선이 들어가도 선이 변해서 악이 되고 맙니다. 하나님을 사랑하는 것과 이웃을 사랑하는 것이 일치되면 그대로 그것이 천국입니다. 아버지 그러면 아버지를 으레이 사랑해야 되는 것이고, 아들 그러면 아버지가 아들을 그대로 사랑해야 되는 것이지, 거기에 무슨 문제가 있을 수 있습니까. 어떻게 하는 것이 효도입니까. 효도하는 방법을 몰라서 못합니까. 어떻게 하는 것이 어린애를 사랑하는 겁니까. 그걸 몰라서 시집을 못갑니까. 그러니까 가장 근원적인 것, 이 근원적인 것이 유지가 되면 문제될 것이 없습니다.

그러므로 우리가 항상 생각해야 할 것은 우리 속에 있는 가장 순수한 것을 지키는 일입니다. 우리가 가지고 있는 가장 순수한 것이 하나님의 형상입니다. 그것을 사랑이라 표시할 수 있습니다. 하나님의 형상을 다시 찾아 살아가게 되면 아무 문제가 없습니다.

아버지와 아들과의 사이에는 걸리는 것이 하나도 없습니다. 발을 씻어주고, 업어도 주고, 아버지와 나와 하나가 되는 세계, 이것을 부자유친이라고 합니다. 예수님께서 "나를 본 자는 하나님을 보았다"고 말씀하셨습니다. "아버지는 내 안에 있고, 나는 아버지 안에 있다." 아버지와 내가 하나가 됩니다.

하나님을 어떻게 믿습니까. 하나님은 나를 믿고 내가 하나님을 믿는 것 아닙니까. 하나님과 나 사이에 무슨 간격이 있습니까. 내가 사는 것이 하나님이 사는 것이고, 하나님이 사는 것이 내가 사는 것입니다. 있는 그대로의 세계, 그것을 우리가 존재의 세계라고 합니다.

자꾸 믿음이 없다고 하는데 믿음이 없긴 뭐가 없습니까. 우리가 가지고 있는 게 믿음이지, 믿음이 뭐 따로 있는 것입니까. 믿음이 강하다, 약하다 하는데 약하고 강한 게 어디 있습니까. 강하다, 약하다 하면 그게 벌써 지옥에 떨어진 것입니다. 여러분은 믿음이 약하다는 식의 말은 절대로 하지 마십시오. 그것 창피한 소리입니다. 나는 믿음이 강하다, 그런 것도 없습니다. 하나님과 나와의 세계는 아무도 들여다 볼 수 없는 가장 비밀스러운 것입니다.

율법은 다른 것이 아니라 하나님의 사랑, 그것이 율법입니다. 하나님과 나와의 관계, 그것이 율법입니다. 본래 율법에는 아무 문제가 없습니다. 율법은 절대입니다. 그것이 떨어져서 상대가 될 때에 율법은 무서운 독이 되었습니다. 그래서 바울은 율법으로 구원을 얻지 못한다는 것입니다.

마음의 법, 육체의 법

1983년 9월 11일

로마서 7:13~25

　내 몸 속에는 내 이성의 법과 대결하여 싸우고 있는 다른 법이 있다는 것을 알고 있습니다. 그 법은 나를 사로잡아 내 몸속에 있는 죄의 법의 종이 되게 합니다. 나는 과연 비참한 인간입니다. 누가 이 죽음의 육체에서 나를 구해 줄 것입니까?

　오늘은 로마서 7장을 읽었는데 9월은 대학교회의 창립기념의 달이기도 해서 교회 얘기를 하겠습니다.
　교회란 어떤 것인가. 우선 「주보」를 한 번 읽겠습니다. 포도가 포도주가 되는 얘기입니다.

　　포도 알에는 발효하는 누룩이 있다고 한다. 발효시키는 균은 공기 속에 어디나 있는 모양이다. 포도 알을 불순물만 제거하고 그릇 속에 넣고 밀봉만 하면 어디서나 발효하는데 발효할 때에는 탄산가스가 나오기 때문에 부글부글 끓어오르고, 끓어오르는 동안에 일체의 부패균은 죽어 버려서 투명한 포도주가 되고, 일단 포도주가 되면 천 년도, 만 년도 간다고 한다. 썩을 생명이 썩지 않을 생명으로 바뀌는 길은 발효밖에 없을 것이다.

거듭남이란 인간 생명의 발효를 말한다. 인간 생명의 발효에는 탄산가스가 나오듯 강한 죄의식이 드러나는데, 내가 죄인의 두목이라고 외침은 죄가 있어서가 아니라, 고도의 투명한 양심 때문에 죄의식을 느끼는 것이다.

로마서 7장 24절 "오호라, 나는 괴로운 사람이라"는 말은 발효의 극치에 도달한 것을 표현한 말이다. 영원한 생명에는 티끌만한 죄도 인정할 수 없기 때문이다. 24절이 "오호라, 나는 괴로운 사람이다"이고, 25절에 가면 예수 그리스도를 통해서 그런 말이 나온다. 발효가 끝나면 투명한 감사가 뒤따른다. 이것은 25절의 말이다. 포도가 죽고 포도주로 다시 사는 것이다.

포도주는 술이다. 불이 펄펄 붙는 술이다. 무엇에나 닿으면 생명의 불을 붙이는 정신의 불이다. 인생을 영원한 불이 되게 하는 길은 이 길밖에 없다.

발효하는 비밀은 오직 밀봉뿐이다. 새 술은 새 부대에 밀봉하여야 한다. 새 부대란 새 문제라고 해도 좋고, 새 종교라고 해도 좋다. 새 문제란 별 것이 아니다. 가장 근원적인 문제이다. 이 문제 속에 나의 정열을 기울이는 것이다.

이 문제를 풀기 위해서 나의 최선을 다하여 파들어 간다. 그리하여 끈질긴 탐구 끝에 형이상학적 경험을 체험한다. 이것이 인간이 발효하는 경험이다. 이 발효를 통해서 소아는 대아가 되고 썩어질 생명이 썩지 않을 생명으로 탈바꿈한다. 이것은 고린도전서 15장, 부활의 마지막에 있는 말이다. 즉 발효하는 것이다.

발효의 비밀은 밀봉에 있다. 밀봉의 비밀은 하나의 문제 속에 자기를 몰입시키는 일이다. 몰입, 그것이 밀봉이기 때문이다. 그리하여 일단 발효하면 무색투명한 자아가 된다. 이런 자아가 나다.

나는 교회를 밀봉된 항아리라고 말한다. 이 밀봉된 항아리속의 누룩은 무엇인가. 성령의 역사이다. 교회가 있는 곳은 어디나 성령의 역사가 있다. 물론 성령은 어디에나 있다. 그러나 교회라는 밀봉된 항아리 속에는 성령이 더욱 넘치는 것이다.

결국은 포도 알이 변해서 포도주가 되는 과정처럼, 육적인 내가 변해서 영적인 내가 되는 과정, 찰나적인 생명이 바뀌어져서 영원한 생명이 되는 것, 이러한 경험이 바로 신앙이다. 또 다른 말로 표현한다면 발효라고 할 수 있다. 하나님 아버지께 대한 효도, 그것이 신앙이라고 생각한다. 필 발發 자, 부모님께 효도한다고 할 때에 효孝, 이것을 발효라고 한다.

썩어질 것이 변해서 썩지 않는 경험을 하는 것이 인간의 근본경험이다. 근본경험을 한 번 하는 일, 그것이 우리 생활 속에서 가장 중요한 것이다.

　내가 미국에 가서 공부할 때의 일입니다. 그러니까 나는 1963년 시험 하나도 치지 않고 단지 대학 교수라는 특권으로 여비뿐만 아니라 식비까지도 교회에서 부담키로 하고, 미국으로 공부를 하러 가게 되었습니다. 다시 말해 교회 신세를 상당히 진 사람입니다. 미국에 가서 신학교에 등록을 하고, 맨 첫 시간이 현대신학 시간이었습니다. 이 현대신학을 가르치는 교수는 영국인 크레이거 박사였습니다. 그런데 얼마나 말이 빠르던지 한 시간 전부 들었는데 알아들을 수 있는 단어는 오직 2개뿐이었습니다.
　그때 나는 곧 그 당시 우리 학교 총장 선생님이시던 김옥길 선생님께 편지를 썼습니다. 편지 내용은 대충 이러한 것이었습니다. "제가 공부를 하려고 여기에 오긴 왔는데 제 실력을 가지고는 도저히 안 되겠습니다. 한 학기 방청이나 하고 그냥 돌아가겠습니다." 지금 그런 말을 어떻게 했나, 가만히 생각하면 한없이 부끄럽습니다. 남의 돈으로 가서 구경만 하고 돌아오겠다는, 이런 철면피가 어디 있습니까. 상당히 철면피이죠. 그랬더니 김옥길 선생님이 화가 나서 야단치는 답장을 쓰셨습니다. 거기서 학점을 따든지 그렇지 않으면 우리 학교로 오지 말라고 하셨습니다. 그러니 또 어떡합니까. 사실, 나에게 잘못된 점은 미국을 구경하러 갔다는 것입니다.

겉으로는 공부하러 가겠다고 하고서 속으로는 구경하러 갔습니다. 이것이 마음의 법과 몸의 법이 다른 것입니다. 김옥길 선생님께 이렇게 됐으니 어떡합니까? 할 수 없이 학점을 따야겠다고 생각하고 6학점을 신청했습니다. 6학점이라고 하면 한 주일에 6시간 공부하는 것을 말합니다. 1과목이 3학점씩이니 2과목이지요.

그중 한 과목 선생님이 들어오셔서 한 학기 동안에 읽어야 할 책과 써내야 할 리포트를 알려 주었습니다. 거기서는 책 한 권 읽고서 글을 쓰는 것을 페이퍼라고 합니다. 타이프로 쳐서 6장 정도로 쓰면 되는 것입니다. 그런데 이 선생님은 이 페이퍼를 여덟 개를 내주었습니다. 또 책을 4권이나 5권을 읽고서 숙제를 쓰는 것을 팀 페이퍼라고 하는데 그것도 하나 내주셨습니다. 읽어야 할 책이 벌써 8권과 4권, 합쳐서 12권이 되었습니다. 또 마지막에는 시험을 치르겠다고 했습니다.

또 나머지 한 시간엘 들어갔더니 그 시간은 좀 덜했는데 그래도 페이퍼 3개에다 팀 페이퍼 하나에 마지막 시험을 치르겠다고 했습니다. 이렇게 해서 페이퍼 11개, 팀 페이퍼 2개를 쓰는 것이 내게 주어진 과제였습니다. 한 주일에 적어도 하나씩 페이퍼를 써야 되었습니다. 책 한 권에 300페이지라고 친다고 해도 하루에 80페이지씩을 월, 화, 수, 목, 4일 동안 읽고, 금요일에 다 써 놓아야지만, 토요일은 타이프를 치게 되고, 그래야만 겨우 일요일에 교회를 가게 되었습니다. 11월 말에 내는 숙제를 나는 맨 첫 주간에 써 놓을 수밖에는 길이 없었습니다.

들을 수가 없으니까 우선 듣는 연습을 해야 했습니다. 마침 그 학교가 종합대학이었기 때문에 시간표를 보아서 한 주일에 30시간을 택해서 듣기로 하였습니다. 종교 철학도 들어가고, 철학개론도 들어가고, 통계학도 들어가고, 무엇이든지 시간이 되면 쫓아가서 들었습니다. 한 학기 동안 그렇게 쫓아다녔습니다. "오호라, 나는 괴로운 사람이라." 거기에 가니까 그 소리가 저절로 나왔습니다. 더 쉬운 말로 말하면 기가 막혔습니다.

학점을 따고, 나중에 논문을 쓰고, 그렇게 하는 동안, 2년의 세월이 흘렀습니다. 그동안 최선을 다해서 애를 쓴 것입니다. 그래도 마지막 돌아올 때는 성적 점수를 3.8을 맞았습니다. 평균 4점이 최고의 득점이었습니다. 돌아올 때에는 미국 교회에 가서 영어로 설교도 두서너 번 하고 돌아왔습니다.

내가 왜 지금 이런 얘기를 하는가 하면 2년이라고 하는 미국 유학 생활이 바로 항아리 역할을 했다고 말할 수 있습니다. 그 속에 내가 밀봉된 것입니다. 그 속에서 한없이 애를 쓰고 있는 것이 발효하는 것입니다. 어떤 힘에 의해 썩을 존재가 썩지 않을 존재로 탈바꿈하는 것입니다. 이런 경험은 무엇인가. 공간이라고 하는 대학에서 시간을 보낸 것입니다. 공간 곱하기 시간이라고 하는 경험을 그 속에서 하는 것입니다.

발효란 무엇인가. 공간 곱하기 시간이라는 경험을 하는 것을 우리가 발효라고 말하는 것입니다. 공간 곱하기 시간, 그러면 우리는 그것을 4차원이라고 합니다. 공간은 3차원이고, 시간은 1차원이고 그래서 4차원입니다. 4차원의 경험을 하는 것, 이것을 우리가 발효라고 합니다.

포도가 포도주가 되는 것이 4차원의 경험을 하는 것입니다. 4차원의 경험이란, 나는 수학적으로 이런 것을 잘 모릅니다만 2g 중가속도라고 하는 거의 광속에 가까운 속도로 달리면 여기서부터 1만 광년 걸려서 가는 거리를 갔다가 오는데 10년이 걸린답니다. 그런데 땅에서는 2만 년이 지나갔다는 것입니다. 이것이 4차원의 계산입니다. 1백만 광년 있는 데까지 갔다 오는데 또 이것은 14년 걸린답니다. 땅에서는 또 2백 만 년이 지나갔답니다. 우주선을 타고 있는 사람은 10년 동안에 2만 년을 사는 것입니다. 혹은 14년 동안에 2백만 년을 사는 것입니다. 그것을 다른 말로 표현하면 영원한 생명을 사는 것입니다.

이런 과정이 어머니의 뱃속에서 일어나고 있습니다. 어머니의 뱃속에서 조그만 생명의 근원이 어린애가 되는데 열 달이 걸립니다. 지구에 생명체가 나타나서 오늘의 사람이 되기까지 30억 년이 걸렸답니다. 30억 년이 걸리는 이 기간을 어린애는 뱃속에서 열 달 동안에 치르는 것입니다. 뱃속에 있는 어린애는 그 속에서 영원한 생명을 사는 것입니다.

내가 한국에서 영어를 일생 배우면 미국 교회에 가서 영어로 설교를 할 수 있겠습니까. 지금은 영어를 다 잊어버려 잘할 줄을 모릅니다. 1차원의 세계는 직선이고, 2차원의 세계는 면이고, 3차원의 세계는 입체이고, 4차원의 세계는 상상할 수 없는 것입니다. 수학적으로 그런 것이 지금은 계산되어 나오고, 과학적으로는 아인슈타인이 나와서 계산을 해 주었지만 우리가 현실적으로는 4차원의 세계를 태 속에서 경험할 수 있는 것이고, 학교생활 속에서도 경험할 수 있는 것입니다. 이화대학이라고 하는 이 공간 속에 4년이라는 시간을 곱하면 이것이 4차원의 세계가 일어나는 것입니다.

4차원의 세계가 무엇이냐. 고등학교를 졸업하고, 대학을 졸업하는 4년만 되면 벌써 고등학교에 선생으로 나가서 채찍질합니다. 고등학교 졸업생이 자기 집에서만 왔다 갔다 하면 몇 해가 되어야 채찍질 합니까. 불가능하죠. 그러나 대학이라는 공간과 4년이라는 이 시간 속에서 학생이 변해서 선생이 되는, 썩을 것이 변해서 썩지 않을 것이 되는 무서운 변화가 일어나는 것입니다.

공간 곱하기 시간이라는 것이 굉장히 중요합니다. 인간에게 언젠가 한 번은 공간 곱하기 시간이 일어나야 합니다. 몸이라는 공간과 마음이라는 시간이 곱해져야 합니다. 심리학적으로 말할 때, 이것을 심신의 통일이라고 합니다. 심신이 불통일되면 몸이 밤낮 피곤합니다. 밤낮 마음이 불안합니다. 일단 심신이 통일되면 피곤도 없어지고 불만도 없어집니다.

사람이 심신의 갈등을 제일 느끼는 것이 29살입니다. 20살쯤 되기까지 몸은 다 자라는데 정신은 자라지 않습니다. 정신은 자라지 않는데 몸이 다 자라서 생기는 갈등을 사춘기라고 합니다. 그때 여러 가지 갈등이 있습니다.

교회 생활에서 중요한 것은 사람으로 하여금 정신을 자라게 해주는 것입니다. 학교도 마찬가지입니다. 다행이 나는 어렸을 때부터 교회에 다녔기 때문에 정신이 자라는데 굉장히 도움을 받았습니다. 정신이 자라면 육체와 정신이 통합해야 되는데 통합하려고 하는 그 직전이 가장 괴로운 것입니다. "오호라, 나는 괴로운 사람이라" 하는 것이 거기서 일어납니다.

역사적으로 말할 때 통합은 35살에 제일 많이 이루어집니다. 인간의 공동 경험입니다. 29살부터 35살까지 인간의 가장 심한 고통을 겪게 되는 것입니다. 이 과정을 잘 치르는 것이 인류에게 가장 중요한 일입니다. 예수님이 광야에 나가는 것이 29살, 소크라테스가 산에 들어가는 것이 29살, 석가가 산에 들어가는 것이 29살입니다. 공자가 산에 들어가는 것이 29살입니다. 대개 예수님은 곧 30살에 통일되지만 석가는 35살, 소크라테스도 35

살, 공자도 35살, 대개 35살 될 때 통일이 되는 것입니다.

어린애가 홍역을 치르듯이 어른도 한 번의 홍역을 겪어야 하는 것입니다. 홍역을 겪지 못하면 심신이 통일되지 않으며 일생 고생하게 되는 것입니다. 60세에 통일되는 사람도 있고, 70세에 통일되는 사람도 있습니다.

몸과 마음은 마치 포도알과 같습니다. 마음은 포도 속 같은 것이고, 몸은 포도의 겉 같은 것입니다. "속을 마음이요, 가죽을 몸이다"라고 나는 늘 말합니다. 자꾸 속고, 속고 또 속는 마음이고, 마침내는 죽을 몸이라는 뜻입니다.

포도 알이 으깨져서 몸도 마음도 떨어지는 것을 심신탈락진 心身脫落盡이라고 합니다. 심신탈락진하여야 유유일진실唯有一眞實이 생깁니다. 이것이 발효하는 것입니다. 진실이 술이 되는 것입니다. 영원한 생명이 되는 것입니다. 언젠가 한 번은 우리가 심신을 벗어버리고, 진실 되게 되는 것입니다.

진실이 아멘인데 어느 때엔가 한 번 하나님 앞에서 "아멘" 하는 때가 와야 합니다. 그래야 우리가 하나님 앞에 모자를 벗고, 하나님과 하나가 되는, 그래서 영원한 생명을 얻는 순간이 있어야 합니다. 그런 순간을 회개라고 합니다.

교회는 우리에게 심신탈락진해서 유유일진실을 만드는 곳입니다. 그래서 우리가 기도하고는 "아멘" 하는 것입니다.

교회는 언제나 하나님의 영이 계셔야 합니다. 영은 밀봉을 의미합니다. 속에서 발효한다는 것은 진리를 깨닫는 것을 의미합니다. 예배는 반드시 영과 진리로 예배하여야 합니다.

기막힌 사실이란 밀봉됐다는 것입니다. 우리가 인생을 사는 데 기막힌 사실이 한없이 많이 있습니다. 기막힌 일이 한없이 많다고 해서 집어치우면 포도주는 영원히 되지 않습니다. 기막힌 것을 참고, 기막힌 속에서 우리가 진리를 깨우치는 것입니다. 그것을 우리가 기도라고 합니다. 기막힌 속에서 하나님께서 우리에게 기막힌 역사를 하시는 것은 나로 하여금 영원한 생명을 얻게 하기 위해서 밀봉해 주시는 것입니다. 밀봉을 통해서 우리는 하나님께 기도하고, 호소하고, 하나님을 찾고, 그러는 동안에 나라는 존재가 썩지 않고, 영원한 생명으로 변하는 것입니다. 이것이 없으면 교회가 아닙니다.

사람은 기막힌 처지에 놓여야 하나님을 찾고, 진리를 찾게 됩니다. 기막힌 처지에 놓이게 하는 것이 하나님입니다. 하나님의 사랑이란 우리를 기막힌 처지에 몰아넣는 것입니다. 예수를 사랑했다는 것은 예수를 기막힌 십자가에 몰아넣었다는 것입니다. 그래서 예수가 하나님의 아들, 썩지 않는 존재가 되는 것입니다.

모든 고난은 인간을 영원한 존재로 만들기 위한, 하나님의 사랑입니다. 이것을 모르면 신앙은 영원히 내 것이 되지 않습니다.

인생의 삼 단계

1983년 9월 25일

로마서 8:1~17

  그것은 그리스도 예수와 함께 생명을 누리게 하는 성령의 법이 나를 죄와 죽음의 법에서 해방시켜 주었기 때문입니다. …… 육체적인 것에 마음을 쓰면 죽음이 오고, 영적인 것에 마음을 쓰면 생명과 평화가 옵니다. 우리가 그리스도와 함께 고난을 받고 있으니 영광도 그와 함께 받을 것이 아닙니까.

    오늘은 우리 교회의 48주년 창립기념일입니다. 대학교회는 김활란 박사께서 세우신 교회입니다. 처음에는 연세대학과 이화대학이 협성교회라 하여 같이 예배를 드렸습니다. 그땐 중강당에서 예배를 드렸는데 김활란 박사의 기도는 늘 중강당이 꽉 차도록 교인들이 모이면 좋겠다는 것이었답니다.

그런데 이제는 중강당이 너무 좁다고 우리가 걱정하게 되었습니다. 이번 가을부터는 교인들이 약 1,600명 모이는 것 같습니다. 지금 우리가 있는 이 대강당의 아래층은 2천 명이 들어가는 자리인데 별로 빈자리가 없습니다. 우리 대학의 중강당은 억지로 들어가야 500명이 들어갑니다. 그러니까 이제는 김활란 박사의 기도의 3배가 된 셈입니다. 그래서 나는 교회가 이렇게 자란 것은 역시 김활란 박사의 기도의 덕이라는 생각을 합니다.

김활란 박사는 언제나 "항상 기뻐하라. 쉬지 말고 기도하라. 범사에 감사하라"는 말씀을 하셨는데, 오늘의 우리들을 보고 제일 기뻐하실 분이 바로 그분이고, 제일 기도하실 분이며, 제일 감사하실 분이라고 생각합니다.

내가 처음 여기에 왔을 때에는 교인들이 그저 2백여 명밖에 되지 않았습니다. 그러던 것이 그동안에 이렇게 많이 늘었는데, 나는 왜 이렇게 늘었는지 그 이유를 모릅니다. 물론 우리 대학 교회가 특색이 있었기 때문에 그렇게 되었겠지요.

대학교회의 특색이라면 누구든지 왔다고 왔느냐, 간다고 가느냐는 것이 없습니다. 그저 오면 왔고, 가면 갔지, 그 이상 없습니다. 그래서 어떤 사람은 대학교회에 가면 쌀쌀하다고 합니다. 그래도 교회에 갔는데 왔느냐 하고 손이라도 붙잡아 주는 사람이 있어야지, 아무도 손잡아 주는 사람이 없더라는 것이지요. 그래서 나는 그런 사람에게 "뭐, 유치원 학생인가. 유치원 학생 같으면 손도 잡아주고 왔느냐, 가느냐 하겠지만 유치원 학생이 아니잖으냐"고 합니다.

또 우리 교회는 돈 내라는 말이 없습니다. 다른 교회에는 자꾸 예배당을 짓겠다고 돈을 내라고 하는데 우리는 이 대강당이 가득차려면 아직도 몇 천 명이 더 있어야 되니까 우리 교회는 돈 내라고 할 필요가 없습니다. 물론 우리가 1년에 두 번 특별헌금을 하기는 하지만, 그것은 한 번은 해외 선교를 위해서, 한 번은 불우한 이웃을 위해서 쓰자고 하는 것이지요.

그러니까 돈 내라는 말이 필요 없습니다. 만일 월급을 받는다면 내가 받아야 하겠지만 나는 학교에서 월급을 받으니 여기에서 또 받을 필요가 없습니다. 이것이 우리 대학교회의 특징이라고 할 수가 있습니다.

그리고 또 하나의 특징이 있다면 우리 교회는 권사니, 집사니 하는 조직이 없습니다. 장로도 없습니다. 송 장로님, 김 장로님이 계시지만 그분들은 옛날에 장로를 받으신 분들이니까 그냥 장로님이라고 부를 뿐이지 그런 직분은 없습니다. 이 교회에서는 단순히 이 실행위원이 몇 분 계시고, 그 가운데서 김 장로님과 송 장로님이 주축이 되셔서 교회 살림을 전부 맡아하고 계십니다. 그러니까 달리 직분이라는 것이 없습니다.

그리고 대학교회는 부흥회를 한다든가 하는 그런 것이 없습니다. 그 대신 우리가 하는 것은 성경반과 예배 보는 것, 두 가지를 가지고 있습니다. 그래서 이 교회의 특징이라고 한다면 성령의 충만과 진리의 전파이겠습니다. 그러니까 우리 교회의 진리란 다른 것이 아니라 그저 하나님의 말씀을 우리가 조금이라도 더 쉽게 이해할 수 있게끔 노력하는 것입니다.

과거에는 우리 교회의 창립을 기념하는 뜻에서 창립주일을 맞아서 떡을 빚어서 나눠 먹은 일도 몇 번 있습니다. 그러나 이제 교인들이 천여 명이 넘어선 후부터는 떡 하는 것을 그만 두었습니다. 이번에도 특별행사비를 책정해서 그것으로 떡을 할까 하고 생각했지만 그러나 그것보다는 설교집이 나온 게 있으니까 그 설교집을 그만큼 싸게 해서 더 많은 사람이 가질 수 있게 하자는데 의견을 모았습니다. 그러니 여러분께서 책을 사실 때에 한 권씩을 더 사셔서 어떤 학교나 기관 같은 데 보내주는 그런 정성이 좀 있었으면 좋겠습니다. 내가 이 교회에서 설교집을 여러 권 내겠다고 했는데, 이런 것이 우리 대학교회의 특징이라면 특징이라고 생각합니다. 그러니까 조금 지적인 교회라고 봐야 되겠지요.

나는 교회에는 언제나 네 가지 단계가 있다고 보는데 의적意的인 교회, 정적情的인 교회, 지적知的인 교회, 행적行的인 교회가 그것입니다. 그중에서 우리 교회는 지적인 교회, 즉 제삼단계에 속하는 교회가 아닌가 해서 저도 지금 제일 어려운 소리를 하느라고 애를 쓰는 것이고, 김동길 선생도 최선을 다해서 어려운 소리를 하느라고 애를 씁니다. 그런데도 여기 이렇게 많은 학생들이 참석해 주는 데 대해서는 고맙기 짝이 없습니다.

우리 학교에서는 내 강의가 가장 쉬운 것 같으면서도 가장 어렵다는 평이 나 있습니다. 그런데 이 가장 어려운 얘기를 여기서 자꾸 하는데도 이렇게 많은 사람들이 와서 듣는다는 것은 정말 나로서는 얼마나 황송한지 모릅니다. 앞으로 여러분께서 나가서 교회를 맡아서 할 때에는 역시 조금 지적인 수준을 높여서 우리나라에도 네 단계의 교회가 있을 수 있게 하였으면 좋겠습니다.

그래서 오늘도 다른 교회 같으면 창립기념주일이라 해서 굉장하게 말을 하겠지요. 그렇지만 우리는 창립주일인 줄 알았으면 되었지, 그 이상 더 알 것은 뭐 있습니까. 그 대신 오늘 찬양대가 노래를 세 번 불러주기로 되어 있습니다. 요사이는 찬양대가 노래를 굉장히 잘 부릅니다. 전번 주일에는 얼마나 잘 부르는지 나는 혼자서 정말 감격했습니다. 그런데 오늘은 그 아름다운 찬양을 세 번이나 듣게 되어서 얼마나 기쁜지 모르겠습니다.

로마서 8장은 내가 보기에는 로마서의 최고봉이라는 생각이 듭니다. 그래서 이 8장에 있는 말만 여러분이 알면 그 이상 더 없다고 생각합니다. 그러니까 우리가 산을 오른다고 하면 로마서 8장은 제일 꼭대기입니다. 로마서 7장에서의 "오호라, 나는 괴로운 사람이라"는 것은 산을 오를 때, 거의 산꼭대기에 올라가면서 숨이 깔딱깔딱 넘어가려고 하는 그 지경, 그것이 바로 그것입니다. 오호라, 나는 괴로운 사람이라, 정말 나 죽겠다는 소리지요.

그러나 8장은 이제는 꼭대기에 딱 올라선 것입니다. 이 경지를 우리가 소유하지 못하면 우리는 예수를 믿는 보람이 없습니다. 역시 예수를 믿는다고 하는 것은 로마서 8장의 경지를 소유하는, 즉 최고의 경지를 가지는 것입니다.

바울 선생께서도 육적인 것, 영적인 것을 자꾸 대조시켜서 결국 영적인 삶을 살라는 말을 하십니다. 그래서 2절을 보면 "이제 너희는 육적인 것, 죄적인 것에서부터 해방되었다." 옛 성경에는 '자유다' 라는 말을 썼는데, "그러니 너희들 마음이 이제 한없는 평화에, 기쁨에 가득 차게 될 것이다"는, 그런 자신 있는 말을 하셨습니다. 그리고 12절에서 "이제 너희들은 하나님의 아들이다. 그러니까 이제는 하나님의 아들답게 살아야 된다"고 하는 참 좋은 말들을 하고 있습니다.

그래서 성경을 처음에는 하나님 말씀이려니 하고 읽다가, 나중에는 이것은 예수님의 말씀이려니, 하고 읽어나가다가 결국에는 이건 내 말이다, 라고 하면서 읽게 되어야 합니다. 이것은 내 말이지, 예수의 말이 아니고, 하나님의 말도 아닙니다. 이것은 내가 내 모습을 적어가는 것입니다.

그러니까 오늘 내가 요한복음을 읽어 나가다가 물론 그것은 하나님의 말씀이고, 예수님의 말씀이고, 요한의 말씀이지만 이 것은 내 말이다라는, 그런 기분을 가지고서 원고를 씁니다. 성경은 그렇게 되어야 합니다. 자기 말이라는 것이지요. 이것이 아직도 하나님의 말이다, 하면 그것은 안 됩니다.

그래서 로마서 8장도 여러분의 말이 되어야 합니다. 그러기 위해서 내가 '포도가 포도주 되는 것'을 얘기한 것처럼 역시 인생은 인생의 삼 단계라고 하는 것을 걸어야 합니다. 어쩔 수 없이 키에르케고르나 니체나 야스퍼스 같은 사람들이 인생의 삼 단계라는 말을 자주 했는데, 역시 우리도 인생의 삼 단계를 한 번 살아가야 됩니다.

우리가 인생의 삼 단계를 제일 알기 쉬운 것이 곤충의 세계입니다. 이번에 나온 설교집 『진리로 자유롭게 하리니』 중에서 〈길·진리·생명〉이라는 설교가 참 잘 되었어요. 또 〈매미〉라는 설교 또한 독특합니다. 대학교회에서나 듣지 다른 데 가면 아마 그런 설교는 없을 것입니다.

매미란 무엇인가 하면 삼 단계를 가졌다는 것입니다. 매미는 원래 애벌레 때가 있습니다. 그게 바로 육적인 것이랍니다. 그러니까 꾸불꾸불하면서 다니는 때, 그때가 육적인 것이지요. 그래서 그 애벌레는 6, 7년 동안 산답니다.

작년에는 이대 뒷산에 참으로 털벌레가 많았습니다. 산의 나무가 온통 털벌레였습니다. 그래서 거의 포플라 나무 잎사귀가 없어졌어요. 점심때가 되면 나는 늘 이대 뒷산에 올라가는데 산길에도 온통 털벌레가 야단입니다. 그런데 왜 이렇게 야단인가 하고 가만히 보았더니 그 뒷산에는 정자가 하나 있는데 그 정자 담벼락으로 기둥으로 지붕으로 털벌레가 무수히 자꾸자꾸 올라갑니다. 그저 떨어지면 올라가고, 떨어지면 또 올라가고, 그래서 정자 기둥이 털벌레로 새까맣습니다. 전부가 그 정자의 천정에 붙는 것입니다. 이것이 중요한 것입니다. 왜 그런가? 털벌레는 거기에다 고치를 만들려고 그러는 것이지요. 우리가 예수께서 십자가에 달리셨다 하는 것도 결국은 이 털벌레가 나무 꼭대기에 올라가는 것과 마찬가지입니다. 나무에 달려서 고치가 되려고 그러는 것입니다.

그러니까 기독교의 교리란 삼 단계로 되어 있습니다. 하나는 성육신, 즉 애벌레지요. 그다음 십자가, 십자가가 무엇인가. 고치지요. 그다음 부활, 부활이 무엇인가. 나비가 되는 것입니다. 이것이 우리 기독교의 삼 단계입니다.

예수의 일생을 보아도 30년까지 목수 노릇을 했습니다. 애벌레지요. 그러다가 세례 요한을 찾아갑니다. 이 세례 요한을 찾아가는 것이 나무에 올라가는 것입니다. 나는 그래서 여러분께 자꾸 선생님을 한 분 가져야 된다고 합니다. 왜 그런가 하니 결국 우리도 나무에 올라가야 하기 때문입니다. 선생님이란 큰 나무로 올라가는 것입니다.

왜 나무 꼭대기로 올라가는가 하면 고치가 되어보려고 그러는 것입니다. 그러니까 이것이 인생에서 상당히 중요합니다. 우리가 선생님을 붙잡는다, 예수님을 붙잡는다고 할 때, 나는 예수님을 붙잡기 전에 선생님을 붙잡는다는 것이 제일 중요한 것이라고 생각합니다. 선생님을 붙잡지 못하면 예수님이 통 붙잡히지 않습니다. 그러니까 우선 선생님을 붙잡고 그 선생님의 꼭대기까지 올라가면, 다른 말로 하면 그 선생님이 가지고 있는, 아는 것, 선생님의 인격, 선생님의 사상, 선생님이 가지고 있는 모든 것을 알면 선생님의 꼭대기까지 올라가는 것입니다.

예수님께서 "너희는 내 살을 먹고, 내 피를 마시라"고 자꾸 그러시는데 그것은 무엇인가 하면 예수님을 아는 것, 예수님 사상을 이해하는 것입니다. 우리가 왜 성경 공부를 하는가. 예수라는 나무로 올라가는 것입니다. 하나의 올라가는 과정입니다. 그래서 성경을 한 장, 한 장 공부해 나갑니다. 왜 한 장, 한 장 하는가. 한 발자국, 한 발자국씩 자꾸 올라가는 것입니다. 그래서 마침내 로마서 마지막까지 다 올라가고, 요한복음이면 요한복음 끝까지 다 올라가고, 로마서를 다 올라가는 동안에 바울의 꼭대기까지 올라가면 바로 또 예수의 꼭대기까지 올라갑니다. 이 올라간다고 하는 과정이 없으면 교회란 하등의 의미가 없습니다.

역시 우리가 하나님의 말씀을 한 발자국, 한 발자국 이해하면서 올라가는데 "부지언不知言이면 부지인不知人"이라. 말을 알지 못하면 사람을 알지 못한다고 하듯이, 우리가 바울의 말을 알고, 예수의 말을 아는 거기에서 예수라는 사람이 어떤 사람인지, 그리고 또 나는 어떤 사람이 되어야 하는지, 그런 것을 우리가 자꾸 느끼고 생각하게 됩니다.

그러니까 우리가 예수를 믿는다든가, 바울을 믿는다든가, 석가를 믿는다든가, 누구를 믿는다는 것, 이것이 참으로 중요합니다. 믿음이 없으면 올라갈 수가 없습니다. 믿음이 있어야 올라갈 수 있습니다. 그래서 우리가 선생님을 붙잡고, 예수님을 붙잡고, 자꾸만 꼭대기까지 올라가는 것입니다.

그래서 맨 꼭대기에 올라가면 고치가 됩니다. 애벌레가 고치로 되는 과정이 참으로 중요합니다. 고치가 되어가지고 한번 깊이 생각해 보는 것도 여간 중요하지 않습니다. 선생님의 말씀을 듣는 것도 중요하지만 그 말씀을 듣고서 깊이 이해하는 것, 소화시키는 것, 그것이 참 중요합니다.

칼라일(Thomas Carlyle)은 대학에 다닐 때, 강의는 한 시간도 나가본 일이 없고 도서관에 들어가서 책만 만 권 읽었다고 합니다. 그런데 그렇게 책을 본 후에 그는 산에 들어가서 6년 동안 생각을 했습니다. 그동안 깊이 생각을 한 후에 쓴 책이 그의 『의상철학 (Sartor Resartus)』입니다.

그러니까 사람은 말을 듣는 것만으로는 부족합니다. 역시 그들은 것을 깊이, 깊이 생각을 해서 자기가 들어갈 집을 생각을 통해서 지어야 합니다. 우리가 우주관이라고도 하고, 세계관, 인생관이라고도 하는, 그 무엇이라 표현해도 좋은 어떤 경지를 가져야 합니다. 그렇게 해서 자기가 들어갈 자기의 집을 음악이라 하면 음악의 집을, 예술이라 하면 예술의 집을, 철학이라면 철학의 집을, 사상이라면 사상의 집을, 무엇이든지 자기가 들어갈 집을 짓는 것입니다. 그것이 고치가 되는 과정입니다.

예수께서 십자가에 달리셔서 무엇을 하셨나. "내가 이제 가서 너희들이 있을 집을 지어줘야 되겠다"고 하셨습니다. 집을 짓는 것입니다. 고치라는 집을 짓는 것입니다.

그다음에는 집에서 나오는 과정, 그것이 바로 나비이며, 매미인 제삼 단계입니다. 로마서 8장에서는 영적인 단계 또는 영적인 세계라고 하는데, 만일 우리가 애벌레라는 것을 물렁물렁한 액체라고 하면, 고치는 고체, 나비는 기체가 되는 것입니다. 그러니까 우리가 한 번 기체의 세계에 들어가는 것입니다.

나는 도봉산에 여러 번 올라갔었는데 산에 올라가보니까 맨 꼭대기 오봉에 올라간 날이었는데, 소나무에 매미 한 마리가 붙어서 요란하게 울어요. 그 조그마한 게 어떻게 그렇게 큰소리를 내는지. 나는 그래서 설교집에 '복음'이라는 말을 그렇게 해서 썼습니다. "이거야말로 복음이다. 가을이 왔다는 것을 전해주는 복음이다. 추수하는 것을 전해주는 복음이다"라는, 그런 말을 썼어요. 참으로 요란하게 우는 것입니다. 그 매미의 소리와 우주가 한 통이 되어서 우는 것입니다. 나는 그런 걸 거기서 느꼈습니다. 이거야말로 전체적인 울음이다. 정말 주체가 울 때에 전체가 울리는 것입니다.

그런데 내가 그 매미에게 가까이 가서 가만히 들여다보니 눈이 무서워요. 잠자리도 그 눈이 무서워요. 곤충들은 왜 그렇게 눈이 클까요. 이 기체의 세계에는 세 가지의 특징이 있습니다. 온 우주와 하나가 되는 전체적인 울음이 그 하나의 특징입니다. 또 하나의 특징은 눈이 무서운 것입니다. 또 얼마나 멀리까지 보는지 몰라요. 새는 하늘 높은 데까지 올라가서도 벌레가 기어가는 걸 본다고 하지 않아요? 그 새의 눈도 무서운 것입니다. 그런데 곤충의 눈은 얼마나 보는지는 모르지만 무섭게 생겼어요. 나는 이것을 쉽게 말할 때는 직관력이라고 합니다. 제삼 단계에서는 이 직관력을 가지고 있습니다. 그리고 나서 내가 그 매미를 잡으려고 하니까 홀 하고 날아갔어요. 날아가는 힘을 가지고 있습니다. 나는 그것을 자유라는 말로 씁니다. 아까 그 소리 내는 것을 자신이라고 합니다. 눈이 무섭고, 소리가 무섭고, 그리고 동시에 날 수 있는 자유와 자신과 자각, 이런 세 가지의 특징을 지닌 것이 이 제삼 단계입니다.

예수라는 분은 무서운 직관력을 가졌습니다. 다른 사람의 마음을 꿰뚫어 볼 수 있는 직관력을 가졌습니다. 그것은 무서운 것입니다. 그리고 예수라는 분은 자신만만합니다. 나는 요한복음을 읽으면서, 아! 이렇게도 자신만만한 사람이 있을까, 하고 생각했습니다. 그리고 또 예수는 어디 걸리는 것이 없습니다. 자유입니다. 누구한테도 걸림이 없고, 돈에도, 권세에도 아무것에도 걸리는 것이 없습니다. 마음대로입니다. 그래서 하나님의 아들이라는 것입니다.

오늘 로마서에 보면 하나님의 아들이라는 것입니다. 하나님의 아들이 무엇인가. 걸리는 것이 없습니다. 마음대로 날아다닐 수 있는 자유를 가졌다는 것입니다. 아까 "육에서 해방되었다"고 했는데, 그보다 '자유다'라고 하는 게 더 좋습니다. "나는 자유다. 나는 자신이다. 나는 자각이다"라고 해도 좋고, 직관이다, 혹은 전체와 같이 울리고 있다고 해도 좋고, 혹은 근원적인 힘을 가졌다고 하여도 좋습니다. 하여튼 근본적인 힘과 전체적인 힘과 절대적인 힘을 가지고 있는 것, 이것이 로마서 8장에서 얘기하는 것입니다.

동양의 어른 가운데서 공자는 30세에 나무 꼭대기에 올라갔습니다. 공자는 30에 '입立'이라 했습니다. 공자는 30에 노자를 찾아가 40에 고치가 되었어요. 40에 '불혹不惑'이라 했습니다. 그리고 공자는 50에 직관력을 가졌습니다. '지천명知天命'이라 하였습니다. 그리고 60에는 한없는 자신을 가지게 되었습니다. '이순耳順'이라 하였습니다. 70에는 '불유구'라, 자유라는 말입니다.

공자는 50에 눈을 떴고, 60에 자신을 가졌고, 70에 마음대로 날아다닐 수 있는 힘을 가졌다고 합니다. 그런데 나도 가만히 살아보니까 이 예수 믿는다는 것만큼 중요한 것이 없습니다. 나는 일생 동안 교회 다녔어요. 일생 교회에 다니면서 예수를 믿은 덕택에 이 삼 단계를 그런 사람들처럼 또박또박 그렇게 말할 수 있게 가지지는 못했지만 그래도 삼 단계를 확실히 가질 수 있었습니다. 내가 나무에 올라간 게 30입니다. 고치는 몇 살에 되었나. 40에 되었습니다. 그리고 언제 눈이 뜨이게 됐나. 50에 뜨게 됩니다. 언제 소리를 내게 됐나. 60에 소리를 내게 되는 것이지요. 그러니까 나는 인생 70이 어떻게 될 것인지 기대하고 있습니다. 자유가 어떤 것인지, 70에 가보면 알게 될 것 같습니다. 이런 인생의 삼 단계를 경험하지 못하면 기쁨이니 감사니 기도니 그런 것을 참으로 알기가 어렵습니다.

나는 그러니까 이 세상에 제일 중요한 게 무엇인가 하면 교회 다니는 게 제일 중요하다고 생각합니다. 왜 그렇게 중요한가. 역시 교회가 우리의 정신을 자라게 해줍니다. 사람의 육체는 밥을 먹으면 자라지만 이 정신은 밥만으론 자라지 않습니다. 언제나 말했듯이 정신이란 하나님의 말씀을 통하지 않으면 자라지 않습니다.

옛날 동양에서는 공자밖에 가질 수 없었던 그 세계를, 지금은 우리 누구나가 다 가지게 되었습니다. 예수께서 말씀하시기를 "세례 요한, 네가 유태 나라에서는 제일 위대하지만 앞으로는 예수 믿는 사람들 가운데 작은 자도 너보다 더 크게 될 것이다"라고 하셨습니다. 나는 그것이 사실이라고 생각합니다. 예수 믿는 사람은 누구나 공자 이상이 될 수 있습니다. 공자 이하로 될 사람은 하나도 없다고 생각합니다. 누구나 다 요한 이상이 되지, 요한 이하로 될 사람은 하나도 없습니다.

그건 왜 그런가. 예수께서 성령이라는 것을 우리에게 보내주셔서 이 교회에서 우리를 자꾸 길러 주십니다. 우리의 정신을 자꾸 자라게 해줍니다. 그래서 우리도 나무꼭대기에 올라가게 되고, 깊이 생각하게 되고, 그리고 역시 우리도 진리를 깨닫게 되고, 이러한, 한없는 은혜와 사랑을 받게 되는 것입니다. 예수께서 은혜와 진리가 풍부하다고 하는데 이 예수님의 은혜와 진리가 교회에 풍부합니다.

이 교회 속에서 하나님의 말씀을 들으면서 우리의 정신이 보이지 않는 가운데서 자꾸 자라가는 것입니다. 나는 앞으로도 죽기까지 계속 교회에 다닐 것입니다. 그렇게 다니다가 70이 되면 '불유구'라, 그런 세상을 나는 볼 수 있으리라고 생각합니다.

내가 이제 얼마 안 있어 여러분과 헤어지게 되겠지만 내가 여러분에게 할 말이 있다면 인생이라고 하는 것은 반드시 삼 단계가 있는 법이다. 이 삼 단계를 걷지 않으면 이 로마서 8장을 알 수가 없다. 이 로마서 8장이 무엇인가. 제삼의 단계인 나비의 세계다. 로마서 7장은 무엇인가. 고치의 단계이다. 로마서 6장은 무엇인가. 애벌레의 단계이다. 앞으로 계속 로마서를 말해도 그것입니다.

결국 우리가 애벌레로 로마서 6장까지 와서, 다시 7장에 오면 고치가 되어서, 그 속에서 "오호라, 나는 괴로운 사람"이라고 고민하게 됩니다. 그러다가 8장에 와서 "나는 이제 고치에서 벗어났다. 나는 이제 자유다. 나는 이제 직관이다. 나는 이제 자신이다"라는 말을 하게 됩니다.

여러분께서 이걸 한번 잘 읽어 보시면 얼마나 나비의 세계가 아름다운 것인지, 그것이 또 나비의 세계가 아니고 바로 나 자신의 세계라는 것을 여러분께서 깊이 인정하신다면 이 세상에 그 이상의 행복은 없는 것입니다.

첫 열매
1983년 10월 2일

로마서 8:18~39
 피조물만이 아니라 성령을 하나님의 첫 선물로 받은 우리 자신도 하나님의 자녀가 되는 날과 우리의 몸이 해방될 날을 고대하면서 속으로 신음하고 있습니다. …… 그래서 그리스도께서는 많은 형제 중에서 맏아들이 되셨습니다. 누가 우리를 그리스도의 사랑에서 떼어 놓을 수 있겠습니까.

 오늘은 로마서 8장 18절에서 39절에 있는 말씀을 말씀드리겠습니다. 여기는 세 마디 말씀이 들어 있습니다. 첫째는 누구나 다 구원받을 수가 있다는 것, 둘째는 그것이 하나님의 뜻이라는 것, 셋째는 이 구원을 방해할 수 있는 것은 아무것도 없다는 것입니다.
 요전에 7장에서 포도가, 포도주가 되는 이야기를 하였고, 8

장에 와서 애벌레가 나비가 되는 이야기를 했습니다. 오늘은 나무가 금강석이 되는 이야기를 하겠습니다. 다 같은 이야기지만 하나는 식물성이고, 하나는 동물성이고, 하나는 광물성입니다.

나무가 땅 속에 들어가서 지압 속에서 몇 만 년을 지나면, 공간 곱하기 시간의 인연으로 돌보다도 더 강한 금강석이 된다는 것입니다. 이렇게 금강석이 되면 고통이나 환난이나 박해나 굶주림이나 벌거벗음이나 위험이나 칼도 이길 수 있는 무서운 존재가 된다는 것입니다.

동양 사람은 이것을 호연지기浩然之氣라고 하는데, 맹자는 지강지대至強至大라고 하였습니다. 사람의 육체는 약하지만 이것이 정신이 될 때에는 한없이 강해진다는 것입니다. 그것을 우리나라에서는 도라고 합니다.

검도니 유도니 태권도니, 사람의 살이 약하지만 도가 되면 벽돌도 깨고 쇠도 끊습니다. 무엇으로 끊느냐 하면 기로 끊는다고 합니다. 얏, 하고 기를 집어넣으면 쇠가 끊어집니다. 일전에는 쇠 위에 두부를 놓고, 그 밑에 쇠를 놓고, 두부는 그냥 두고, 그 밑에 있는 쇠를 끊는다는 것입니다. 마치 엑스 광선처럼 두부를 다치지 않고 쇠를 끊는다는 것입니다.

그런 것을 보면 세상에는 신비한 것이 얼마든지 있습니다. 자연에도 신비한 것이 많지만 사람에게는 신비한 것이 더 많습니다. 내가 늘 하는 이야기인데, 벌은 30리 밖에 있는 꽃을 본다고 합니다. 어떤 벌이 30리 밖에 있는 꽃까지 가서 꿀을 따와서 그 옆의 벌에게 촉각으로 조금 움직이면 그 옆의 벌이 곧장 30리 밖에 있는 그 꽃으로 간다는 것입니다. 이것이 우주의 신비입니다.

아직도 발견되지 않은 신비가 얼마든지 인간에게 있을 것입니다. 이런 신비 가운데 하나가 도라는 것입니다. 태권도만 도가 아닙니다. 무엇이든지 이 세상을 이기게 하는 것은 다 도입니다. 과학도 철학도 예술도 종교도 다 도입니다.

그런데 그 가운데에서도 가장 큰 도가 복음이라는 것입니다. 복음이란 모든 상대를 넘어서게 하는 것입니다. 우리가 쉽게 생사를 넘어서게 한다고 하는데 일도출생사一道出生死 일체무애인一切無碍人, 정말 생사를 넘어서면 아무것에도 걸릴 것이 없다. 그래서 자유라고 하는 것입니다. 생사를 넘어섰다는 말이 무슨 말인가? 자기를 이겼다는 것입니다.

어떻게 자기를 이겼는가? 시련을 통해서 자기를 이겼다는 것입니다. 자기가 무엇인가? 나무다. 나무가 나무를 어떻게 이겼다는 것인가? 나무가 땅 속에 들어가서 금강석이 되어서 자기를 이겼다는 것입니다. 자기를 이겼다는 말은 금강석이 되었다는 말입니다.

금강석이라는 것이 무엇인가? 하나님의 아들이라는 것이다. 어떻게 하나님의 아들인가? 가장 강하니까 하나님의 아들이다.

실제로도 하나님의 아들이지만 본질로도 하나님의 아들이라는 것입니다. 금강석이 다른 보석과 다른 것이 무엇이냐? 다른 보석은 다 태양빛을 반사해서 빛나는 것이지만 금강석은 자기 속에서 빛을 발한다는 것입니다. 어두운데 들어가면 다른 보석은 다 죽어버리는데 금강석만이 빛을 발한다는 것입니다.

모든 사람이 다 껌벅 죽는데 예수만이 부활했다. 왜 부활했는가? 하나님의 아들이 되어서 그렇다. 바울은 예수를 23절의 첫 이삭이란 말을 씁니다. 첫 번 나온 금강석이라는 것입니다. 바울도 이제 금강석이 될 거라는 것입니다. 종교에 필요한 것은 첫 이삭입니다.

누구 한 사람이 산에 올라가면 그다음에는 누구나 올라갈 수 있습니다. 처음에 발견한 사람, 그 사람이 중요합니다. 예수는 처음으로 부활한 사람입니다. 그러니까 이제부터는 누구나 부활할 수 있게 되었다는 것입니다. 바울은 사람만 부활하는 것이 아니라 일체가 부활한다고 했습니다. 모든 피조물이 사람들이 부활하기를 기다림은 자기네들도 부활하기 위해서 기다린다는 것입니다. 모든 나무가 다 금강석 되기를 기다립니다. 그것이 땅 속에서 신음하는 만물이라는 것입니다. 만물을 누가 땅 속에 집어 넣었는가? 20절에 하나님께서 집어 넣었다는 것입니다.

우리에게 환난을 준 것은 누군가. 하나님이다. 이것이 하나님의 사랑이다. 왜 환난을 주었는가. 우리를 부활하게 하기 위해서 환난을 주었다는 것입니다. 우리를 금강석으로 만들기 위하여 환난을 주었습니다. 이 사랑은 아무도 막을 도리가 없습니다. 누가 하나님의 사랑에서 우리를 끊을 수 있겠는가. 땅 속에 집어넣은 나무를 누가 끄집어낼 사람이 있겠는가. 우리의 운명을 누가 고칠 사람이 있겠는가.

일체 괴로움은 우리를 금강석으로 만들기 위한 하나님의 사랑입니다. 우리에게 지워 준 십자가를 누가 벗길 수 있으리오. 예수에게 지운 십자가는 빌라도가 지운 것이 아닙니다. 하나님이 지웠습니다. 바울이 눈을 감았을 때는 십자가는 빌라도가 지우는 줄 알았습니다. 그러나 눈을 뜨고 보니 빌라도도 하나님의 심부름꾼에 불과하고, 악마도 하나님의 종에 불과했습니다. 악마가 하는 악을 하나님은 다 선용하여 그것을 선으로 만드십니다. 악을 선으로 고치고, 나무를 금강석으로 고치는 것이 하나님의 능력입니다.

그러나 나무는 사실 따지고 보면 본래 빛입니다. 나무는 태양빛의 축적입니다. 나뭇잎에 엽록소라는 것이 있어서 그것이 빛을 동화하여 녹말을 만들고, 나무를 만들고, 숯을 만드는 것입니다. 숯이 무엇인가? 본래 빛입니다. 흰 빛이 숯검정이 되어 가장 어두운 악마처럼 보이지만 악마도 타면 빛이 되고, 하나님의 영광을 드러내게 마련입니다. 일체가 하나님의 영광입니다.

나무가 금강석이 된다고 해도 종당은 빛이, 빛이 되는 것뿐입니다. 애벌레가 나비가 된다고 해도 나비가, 나비가 되는 것뿐입니다. 우리가 몰라서 그렇지, 알고 보면 일체는 하나님 안에서 움직이고 있습니다. 팥이 풀어져도 가마 속에서 움직이고 있습니다. 바울이 눈을 떠보니 악마가 예수를 십자가에 단 줄을 알았는데 사실은 하나님이 십자가에 단 것입니다. 왜 십자가에 달았는가. 금강석을 만들기 위해서입니다. 하나님의 아들을 만들기 위해서입니다. 바울은 금강석이 강한 것을 기뻐하는 동시에 나무를 금강석으로 만드는 하나님의 지혜를 찬양하고, 하나님의 사랑을 찬양하고 있는 것입니다.

일체를 금강석으로 만드는 힘, 일체를 불로 만드는 원시화, 이 불길을 피할 물건이 있을 수 있을까. 아무것도 없습니다. 하나님의 사랑을 피할 수 있는 것이 있을 수 있을까. 아무것도 없습니다. 만물도 사람도 천사도 심지어 악마까지도 이 사랑을 피할 수는 없습니다. 마치 시간이 흘러가는 것을 피할 수 없는 것처럼 하나님의 사랑을 피할 길이 없습니다.

시간이 무엇이냐. 하나님의 사랑이다. 백 번이고, 만 번이고 단련을 시켜서 마침내는 일체를 신으로 만들고야 마는 하나님의 사랑의 표현, 그것이 우주요 인생이요 신이요 그리스도입니다. 바울은 38절, "나는 믿는다. 죽음도 생명도 천사도 지배자도 현재 일어난 것도 장래 일어날 것도 권력도 높은 것도 낮은 것도, 그밖에 어떠한 창조물도 예수 그리스도의 생애를 보고 알게 된 하나님의 사랑에서 우리를 떼어놓을 것이 없을 것이다"라고 합니다.

바울은 하나님의 사랑 속에서 사는 자기를 보게 됩니다. 자기가 매를 맞는 것도, 굶어 죽는 것도, 칼을 받는 것도, 일체가 자기를 금강석으로 만드는 하나님의 사랑이라는 것입니다.

세상에 이렇게 강한 사상을 발견할 수 있을까. 죽는 것이 하나님의 사랑이라는 데야 더 할 말이 없지 않겠는가. 8장으로 말은 다 끝났습니다. 9장 이하는 실천율입니다. 그것은 알 필요도 없습니다. 금강석이 되면 으레이 그렇게 살 수 밖에 길이 없을 것입니다.

제일 중요한 것은 금강석입니다. 금강석이 되는 것입니다. 금강석이 되지 못하면 그다음 실천율은 아무 의미가 없습니다. 금강석이 되어야 유리를 자르지, 금강석이 못되면 아무것도 아닙니다. 금강석이 된다는 것은 무엇인가. 안다는 것입니다. 일체가 하나님의 사랑인 줄 아는 것입니다. 28절에 이것이 하나님의 계획인 것을 아는 것입니다. 십자가도 하나님의 계획이요, 죽음도 하나님의 계획인 것을 아는 것입니다. 내가 지금 고통을 받는 것은 내가 금강석이 되어가고 있는 것을 아는 것입니다.

안다는 것처럼 중요한 것이 없습니다. 그런데 이것을 알려주는 이가 있습니다. 그리스도입니다. 그리스도가 그것을 보여 줄 것입니다. 그리스도가 처음으로 금강석이 되어 어두운 가운데서 빛을 발하게 된 것입니다. 그것이 영광입니다. 23절, 우리는 그리스도라는 첫 이삭을 가지게 되었다. 이것이 복음입니다. 예수가 나타났다. 이것이 복음이다. 이제는 누구나 다 금강석이 될 수 있다. 이것이 복음입니다.

그런데 사람들은 눈을 감고 있기 때문에 이렇게 빛나는 금강석을 보지 못한다. 그래서 하나님께서는 성령을 보내서, 27절에 성령이 말할 수 없는 탄식을 가지고, 우리를 보게 하기 위하여 하나님께 기도를 드린다는 것입니다. 우리는 기도할 줄 몰라도 성령의 기도의 덕택으로 우리도 눈을 뜨게 되리라는 것입니다. 종교에서 제일 중요한 것은 아는 것이다. 알기만 하면 행은 거저 나온다. 세상에 제일 어려운 것은 아는 것이다. 과학도 아는 것이고, 예술도 아는 것이고, 철학도 아는 것이다. 아는 것이 그렇게 중요합니다.

안다는 것은 단순히 말만 듣고 아는 것이 아닙니다. 실험도 해야 되고, 연습도 해야 되고, 생각도 해야 되고, 실천도 해야 되고, 이 모든 것이 합쳐서 아는 것입니다. 고생을 해가는 것이 아는 것이요, 십자가를 지는 것이 아는 것이요, 저저 쉽게 아는 것은 아닙니다.

하여튼 어떻게 알았든지 알기만 하면 그다음에 실천은 문제도 안 됩니다. 어떤 사람은 알기는 아는데 행하기가 어렵다고 합니다. 그러나 그것은 아는 것이 아닙니다. 정말 알면 행은 거저 나옵니다. 거짓말해서는 안 된다. 안 되는 줄을 누구나 다 안다고 생각합니다. 그러나 그것은 아는 것이 아닙니다.

왜 내가 거짓말을 하게 되는가. 그 원인을 알아야 아는 것입니다. 그 원인을 알면 거짓은 절로 없어집니다. 거짓의 원인을 모르기 때문에 거짓을 하는 것이지, 거짓의 원인을 알면 거짓은 할 수가 없습니다. 예수는 거짓의 원인을 악마라고 하였다. 사람들은 거짓의 원인이 악마인 줄은 모른다. 그래서 거짓말을 밥 먹듯 합니다.

그러나 예수에게는 거짓말은 할 수가 없습니다. 예수는 악마의 아들이 아니기 때문입니다. 그는 하나님의 아들입니다. 하나님의 아들이 되면 거짓말은 하려 해도 할 수가 없습니다. 내가 하나님의 아들인데 어떻게 거짓말을 할 수 있다는 것인가. 또 하나님의 아들에게는 거짓말이 나올 구멍이 없습니다. 거짓말을 한다는 것은 자기가 금강석이 못되었다는 증거입니다. 금강석이 되면 어디에서 거짓이 나올 것인가. 나올 데가 없습니다. 금강석이 되면 자유인데, 거짓이 있을 수 없지 않느냐. 거짓은 부자유에서 나오는 것입니다. 나비처럼 훨훨 날아다니는데 부자유가 있을 수가 없지 않느냐. 거짓은 죽음에서 나오는 것이지 생명에서 거짓이 나올 수가 없습니다. 모든 죄가 마찬가지입니다. 로마서 8장 2절에 우리는 죄와 욕심과 죽음에서 벗어났다고 했습니다. 나무가 죄도 되고, 욕심도 되고, 죽음도 되지, 금강석에 무슨 죄가 있고, 욕심이 있고, 죽음이 있을 수 있겠는가.

　나무와 금강석은 차원이 다릅니다. 육적인 인간과 영적인 인간은 차원이 다릅니다. 영적인 인간이 어떤 것인지는, 육적인 인간은 상상할 수도 없습니다. 다만 자기가 영적인 인간이 되었을 때만 영적인 인간을 알 수가 있습니다.

　바울은 23절에 우리들도 영적인 인간이 된 증거로서 내 안에 성령의 첫 열매를 가지고 있다고 했습니다. 바울의 마음속에서 벌써 성령의 금강석이 자기 속에서 반짝이고 있는 것을 느낀다는 것입니다. 자기 속에서 성령의 울부짖는 기도를 듣는다는 것입니다. 바울은 자기 속에서 양심의 속삭임을 듣는다는 것입니다. 바울은 자기 속에 그리스도에 대한 사랑과 진리에 대한 그리움을 느낀다는 것입니다. 자기 속에도 새로운 역사가 시작되고 있다는 것입니다. 달걀이 병아리로 변해가고 있다는 것입니다.

　믿음은 바라는 것의 실상이요, 보지 못하는 것의 증거다. 실상은 병아리요, 증거는 자기 속의 병아리의 움직임을 느낀다는 것입니다. 자기도 이성이 깨어나고 자기의 양심이 살아난다는 것입니다. 그것을 느끼는 것이 중요합니다. 그것을 느끼는 것이 증거를 잡는 것입니다. 아침이 될 날도 멀지 않았다. 그것을 바라고 어떠한 고난도 견디어 가는 것입니다.

　사람에게 생각의 수레바퀴가 돌아간다는 것처럼 중요한 것은 없습니다. 생각의 수레바퀴가 돌기 시작하면 벌써 창조적 지성이 되어가고 있는 것입니다. 사람에게 창조적 지성처럼 중요한 것이 없습니다. 금강석이 자기 속에서 빛을 발한다는 것은 우리가 창조적 지성이 되었다는 것입니다. 우리가 하나님의 아들이라는 것은 구체적으로 창조적 지성이 되는 것입니다.

예수에게서 한없는 새 생각이 쏟아져 나오듯이, 사람도 한없는 새 생각이 쏟아져 나올 수 있습니다. 새로운 것을 얼마든지 창조해 갈 수 있는 근원은, 인간이 가지고 있는 생각 때문입니다. 이 생각은 나중에는 직관을 갖다 줍니다. 그리하여 능동적 이성은 예지적 이성이 되어, 하나님의 비밀도 꿰뚫어 볼 수 있게 됩니다. 이것이 하나님의 사랑이라는 것입니다.

하나님은 인간에게 예수를 주신 것입니다. 하나님은 사람에게 하나님을 볼 수 있는 눈도 주셨고, 하나님이 될 수 있는 형상도 주셨습니다. 이 형상이 금강석이라는 것입니다. 사람은 누구나 하나님의 형상을 가지고 있습니다. 사람은 누구나 창조적 지성을 가지고 있습니다. 이 지성을 깨워주는 것이 복음이요, 하나님의 말씀입니다. 하나님의 말씀이 중요하다는 것은 우리에게 창조적 지성이 있다는 것부터 가르쳐 줍니다. 우선 하나님이 있다는 것부터 가르쳐 줍니다. 하나님이 있다는 것을 알지 못하면 우리는 하나님을 찾을 수가 없습니다. 하나님이 있다는 것을 가르쳐 주는 것이 중요합니다. 물론 보이게 있는 것은 아닙니다. 우리의 나무를 가지고는 보이지 않습니다. 우리가 금강석이 되기 전에는 보이지 않습니다.

하나님을 본다고 해도 눈으로 보는 것이 아니라 상징으로 봅니다. 상징을 보고 알 수 있는 눈이 금강석 같은 눈입니다. 그러나 보이지는 않는다고 해도 하나님이 있다는 것을 말해 주는 것이 중요합니다. 그리고 그 하나님께 도달하는 길로서 예수 그리스도를 지시해 주는 것이 중요합니다. 예수 그리스도를 통하지 않으면 우주적인 하나님을 생각하게 되지, 인격적인 하나님을 생각하지 못하기 때문입니다.

하나님께 도달하는 길은 여러 가지가 있겠지만 인류가 가질 수 있는 것은, 역시 인간을 통해서 하나님을 아는 것이 가장 중요합니다. 인간이 인간됨을 통해서 하나님을 안다는 것이 가장 소중합니다. 인간이 인간을 통해서 아는 길이 인격의 길입니다. 예수의 생애를 통해서 예수의 나심과 죽으심과 부활하심을 통해서 하나님을 안다는 것이 중요합니다.

실질적으로 말하면 부활은 떼버렸으면 좋지 않는가 하겠지만 부활이 없으면 금강석이라고 할 수가 없습니다. 삶과 죽음만 가지고는 안 됩니다. 역시 삶과 죽음과 부활이라는 3단계의 발전이 필요합니다. 이런 것을 변증법적이라고 하는데, 자기의 생에서 변증법적인 변화를 발견하는 것처럼 중요한 것이 없습니다. 내가 얼마 전에 30까지 애벌레, 40에 고치, 50에 나비가 되었다고 말했는데, 이런 변화를 느끼지 못하면 인격이라는 것을 알 도리가 없습니다.

인격은 역시 자유가 그 핵심입니다. 하나님 아들의 핵심은 역시 자유입니다. 이 자유를 느끼지 못하면 인격이라고 할 수 없습니다. 인격은 역시 생사에서 초월하여 부활에 도달하기까지는 참 자유가 아닙니다. 원효의 일도출생사 일체무애인은 좋은 말입니다. 생사라는 두 단계를 초월하고, 심신이라는 두 단계를 초월해서 도가 되고 진실이 되는 것입니다.

인간은 생명이기에 봄과 여름만 가지고는 안 됩니다. 역시 가을이 있어야 합니다. 결실은 가을입니다. 바울은 성령의 첫 이삭이라고 합니다. 역시 성령의 첫 이삭이라는 것이 생사를 초월한 영적 자유입니다.

생사를 초월했다는 것은 죽지 않는다는 말이 아닙니다. 죽음을 초월했다는 것입니다. 죽음을 초월했다는 말은 죽은 후에 부활한다는 말만은 아닙니다. 물론 죽은 후에 부활하는 것은 말할 것도 없지만 요한복음 11장 25절에 있는 말씀처럼 "나는 부활이요 생명이다. 나를 믿는 사람은 살아도 죽지 않고, 죽어서 믿는 사람은 죽어도 죽지 않는다"는 절대적인 부활입니다. 죽어서 가지는 부활은 상대적인 부활이고, 내가 부활이 될 때 이것이 절대적 부활입니다.

내가 부활하는 것이 아니라 내가 부활이 되는 것입니다. 금강석이 되는 것입니다. 창조적 지성이 되는 것입니다. 되는 것, 이것이 신앙입니다. 되는 것이 없다면 어디에 실존이 있겠는가. 실존은 되는 것입니다. 되기 위해서 알아야 하고, 알아야 됩니다.

되는 것과 아는 것은 둘이 아닙니다. 요사이 말로는 실존적 이성이라고 하는데 진리와 생명이 하나입니다. "태초에 말씀이 있었다. 이 말씀은 세상의 빛이다. 이 빛 속에 생명이 있었다." 이것이 요한의 실존입니다. 실존은 빛이요, 또 생명입니다. 실존은 길이요 진리요 생명입니다. 그것이 따로따로 떨어져 있지 않습니다. 금강석은 길이요 진리요 생명이지 따로 떨어진 것은 아닙니다. 태양은 빛이요 힘이요 열이지, 그것이 따로 있는 것이 아닙니다. 된 것 속에는 아는 것도, 사는 것도 다 포함되어 있습니다. 이것이 하나님의 아들이라는 것입니다. 하나님의 아들은 되는 것입니다. 아들을 되게 하기 위하여 우주는 신음하고 있는 것입니다.

언제나 전체는 개체를 만들기 위하여 신음하고 있습니다. 쌀 한 톨을 만들기 위해서 온 우주가 신음하고 있습니다. 닭이 계란을 까기 위해서 신음하고 있습니다. 이 신음 소리를 듣는 것이 하나님의 사랑을 보는 것입니다. 우주가 신음하고, 세계가 신음하고 있습니다. 왜? 하나님의 아들이 나오기를 기다리는 것입니다. 일체가 하나님의 아들이 나오기를 기다리고 있습니다.

무엇을 보고 알 수 있나. 나비를 보고, 나비뿐만 아니라 모든 곤충을 보고, 사과를 보고, 사과뿐만 아니라 모든 과일을 보고, 금성을 보고, 금성뿐 아니라 모든 별을 보고, 금강석 뿐 아니라 모든 돌을 보고, 예수를 보고, 예수뿐 아니라 모든 도통한 사람을 보고, 세상에 도통하지 않은 사람은 없습니다.

길가에 잡초와 돌멩이가 하나님의 아들이 나오기를 기다리고, 그들도 그들이 되기 위하여 한없는 고난을 겪고 있지 않습니까. 하물며 인간으로서 인간이 되지 않을 수가 있겠습니까. 인간이 되는 것, 그것이 신앙입니다.

사랑의 실천

1983년 10월 23일

로마서 9:1~16:20

여러분 자신을 하나님께서 기쁘게 받아 주실 거룩한 산 제물로 바치십시오. 악을 미워하고 꾸준히 선한 일을 하십시오. 형제의 사랑으로 서로 사랑하고, 다투어 서로 남을 존경하는 일에 뒤지지 마십시오. 게으르지 말고 부지런히 일하며 열렬한 마음으로 주님을 섬기십시오.

로마서 9장, 10장, 11장은 온 인류가 다 구원 얻는다는 바울의 변론입니다. 순서는 이방사람이 먼저 구원을 받고, 유태사람이 나중에 구원을 받게 된다는 것입니다. 처음에는 유태사람이 예수를 잡아 죽이고, 예수 믿는 사람을 박해해서, 구원이 할 수 없이 이방으로 쫓겨나 이방사람을 구원하게 되었지만, 유태사람도 본래 똑똑한 사람인데 이방사람들이 구원 받는 것을 보고 어떻게 가만히 있을 수가 있겠는가. 반드시 받게 될 것이다. 그 증거는 유태사람인 나도 구원받지 않았는가. 아브라함이 구원을 받았고, 예수도 구원을 받았고, 나도 구원을 받는데 어떻게 유태사람이라고 구원을 못 받을 이유가 있겠는가, 하는 것입니다.

봄이 왔다고 꽃이 피는 것이 아니고, 꽃이 피면 봄이 옵니다. 종교는 개체가 깨어 전체가 되는 것입니다. 계란 하나가 깼으면, 이제 다른 계란도 깨어납니다. 그것은 어미닭이 품고 있기 때문입니다. 이것이 하나님의 사랑입니다.

로마서 12장 1절, 2절은 '영적 예배'라는 것이고, 3절에서 8절은 '겸손하라'는 것이고, 9절에서 21절은 사랑을 가지라는 것입니다.

첫째, 영적 예배란 곧 몸을 바치라는 것입니다. 몸을 바친다는 것은 체득體得하는 것입니다. 진리의 체득만이 영적인 하나님, 말씀이 육신이 된 그리스도를 예배하는 가장 적당한 방법입니다. 그리고 이 세상과 손을 잡으면 안 됩니다. 하나님의 뜻대로 살아야 합니다. 그러기 위해서는 너 자신이 딴 사람이 되어야 한다는 것입니다. 옛날 사람이 아니고 새로운, 딴 사람이 되어야 합니다. 그것이 영적 예배라는 것입니다.

둘째, 겸손하라. 그 이유는 딴 사람이 되었다고 뽐내지 말라는 것입니다. 딴 사람이 된 것은 하나님의 집을 이룩하기 위한 재료가 된 것뿐입니다. 어떤 사람은 돌처럼 예언자가 되고, 어떤 사람은 나무처럼 교사가 되고, 어떤 사람은 시멘트처럼 남을 봉사하는 사람, 어떤 사람은 기와처럼 구제하는 사람, 다 각각 새로운 임무를 받는 것뿐이지, 어느 것 하나 더 잘난 것은 없는 것입니다. 직업의 평등, 사랑의 평등, 그런고로 교만이란 있을 수가 없습니다.

셋째, 사랑을 가져라. 전체가 하나가 되는 것이 사랑입니다. 사랑은 하나가 되는 것입니다. 그러기 위해서는 남을 존경해야 됩니다. 그리고 각각 맡은 바를 다하고, 서로 도와주고, 같이 기뻐하고, 같이 친하게 지내야 됩니다. 절대 화풀이를 해서는 안 됩니다. 너희에게 대드는 사람이 있어도 그런 사람을 더 사랑해 주어야 됩니다. 빛이 어두움을 이기듯이 결국 선은 악을 이기게 마련입니다.

로마서 13장 1절에서 7절은 로마정권에 대해서, 8절에서 10절은 "이웃을 사랑하라." 11절에서 14절은 "아침이 가까웠다. 깨라"는 것입니다. 그 당시 로마는 법치국가였습니다. 정의의 구현, 질서의 유지, 도덕의 준수 등이 국가가 하는 선행이었습니다. 바울은 신자들에게 로마의 좋은 질서에 호응하고, 세금을 내고, 협력할 것을 종용합니다. 이때는 아직 로마가 기독교를 문제 삼지 않을 때입니다. 기독교를 괴롭히는 것은 유태사람들이었습니다.

로마는 도리어 기독교를 보호해 주고 있었습니다. 질서만 파괴하지 않으면 로마는 모든 민족의 신앙과 풍속의 자유를 인정하는 관용정책을 쓰고 있었기 때문입니다. 바울도 로마의 시민이며, 충실한 시민이었습니다. 나라의 신세를 지고 있으니 세금을 내는 것이 당연하고, 세금을 내지 않으면 그것은 낼 것을 안 내니 빚이 된다. 빚은 갚아야 한다고 했습니다.

나라 외에도 우리는 한없는 도움을 받고 있습니다. 그것을 사랑의 빚이라고 하지만 그 빚을 다 갚을 수는 없습니다. 다른 사람을 사랑하는 사람은 다른 사람을 해칠 수는 없습니다.

사랑은 율법의 완성입니다. 그런데 사랑하라고 한다고 해서 육적인 사랑은 안 됩니다. 육적인 것에서 초월하여 영적인 사랑을 해야 합니다. 영적인 사랑이란 정신을 깨워주는 것입니다. 그러기 위해서는 내 정신이 깨어야 합니다. 세상 열락悅樂에 빠지면 안 됩니다. 몸을 돌보는 것은 좋지만 몸에 빠지면 안 됩니다. 욕정을 이겨야 합니다.

로마서 14장 1절에서 6절은 믿음은 개성적인 것이니, 서로 존중할 것을 말합니다. 7절에서 12절에는 일체는 주님을 위하는 것, 13절에서 23절은 하나님 나라는 마음에 있고, 신앙은 개성적인 것이라고 합니다.

어떤 사람은 고기를 먹는 것이 신앙에 도움이 된다고 생각하는 사람도 있고, 어떤 사람은 야채를 먹는 것이 신앙이라고 생

사랑의 실천 233

각하는 사람도 있습니다. 그러나 그런 것들을 따지지 말라. 따질 것은 그런 문제가 아니라 그보다도 중요한 것이 있다. 그것은 인생의 목적이 어디에 있느냐가 중요한 것이다, 라는 것입니다. 장작을 때건, 석탄을 때건, 그것이 문제가 아니라 이 기차가 어디로 가느냐. 그것이 중요하다. 인생의 목적은 그리스도입니다. 모두 하나님께로만 가면 되는 것입니다. 그러니까 지엽적인 것을 가지고 문제 삼지 말고, 이웃을 받아들일 수 있는 마음이 필요한 것입니다. 믿음은 마음에 있는 것입니다. 언제나 마음에 정의와 평안과 기쁨이 충만하면 되는 것입니다.

믿음이란 언제나 사람을 상대하지 말고, 하나님을 상대로 하는 것입니다. 하나님에게 사랑은 받는 사람은, 사람한테서도 사랑을 받게 될 것입니다. 언제나 전체가 깨지지 않게 노력하는 것입니다. 그리고 신앙은 하나님께 통하는 것입니다. 네 신앙이 다른 사람에게 방해가 되면 안 된다. 신앙은 네 마음과 하나님의 마음과 통하는 것이다. 마음은 없는 것이다. 없는 마음을 가지고 남을 괴롭히는 일이 있으면 안 된다. 그러니까 우리의 모범은 그리스도입니다.

15장 1절에서 13절에 그리스도를 모범으로 하여 살아야 한다. 그리스도는 언제나 약한 자를 도와주는 것이다. 믿음이 약한 자를 도와주어야 한다. 유태사람이나 이방사람이나 다 도와주어야 한다. 그것이 인류를 구원했다는 것이다. 요는 하나님을 믿는 데서 오는 무상의 기쁨이면 만족한다, 라는 것입니다. 이 기쁨이 우리에게 희망을 주고 평안을 주는 것입니다.

14절에서 21절에는 바울의 변명이 붙어 있습니다. "내 편지가 너희들의 마음에 걸리지 않기를 바란다. 내 열심이 너무 지나친 말까지 했는지도 모른다. 나는 너희들이 훌륭한 신자라는 것도 다 알고 있다. 그러나 내가 특히 이방인을 위한 사도직을 감행하기 위해서 이렇게 열을 올리고 있는 것이니 모두 주님을 위한 것이라고 생각하고 혹시 지나친 말이 있었는지는 몰라도 양해하여 주기 바란다."

22절에서 33절에는, "내가 지금까지는 아시아 지역에 전도하느라고 바빴지만, 이제는 이 지역 전도가 끝이 났기 때문에, 앞으로는 스페인 땅 끝까지 복음을 전하러 갈 생각이다. 그때 가는 길에 로마에 들러서 너희들과 만날 생각이다. 지금은 이방사람들이 거둔 돈을 유태사람에게 전하러 가는 길이다. 내 일이 잘 되도록 나를 위해서 기도해 주기를 바란다."

16장에는, 소개와 문안과 당부와 친구들의 문안 전달, 그리고 마지막 송영으로 로마서가 끝이 납니다.

1절에서 2절에서는 페베를 소개하고 있습니다. 아마 이 편지를 가지고 가는 사람인지도 모릅니다.

3절에서 16절은 브리스카, 아퀼라, 에베네도, 마리아, 안드로니고, 유니아, 암플리아도, 우르바노, 스타키스, 아벨레, 아리스토불로, 헤로디온, 나르깃소의 집 사람들, 드리패나, 드리포사, 베르시스, 루포와 그의 어머니, 아신그리도, 플레곤, 헤르메스, 바트로바, 헤르마스, 필롤로고, 율리아, 네레오, 올림파스와 그들과 같이 있는 성도들, 모두 바울의 친구인 교회 지도자들입니다. 이 모든 사람들을 위하여 이 편지가 쓰인 모양입니다. 이 편지는 이 분들에게 돌려가며 읽혀졌을 것입니다.

17절에서 20절, 권고는 다른 종교나, 다른 교파나, 다른 교사의 유혹에 빠지지 않도록, 그리스도의 복음만을 꼭 잡고 있도록 하라는 것입니다. 그것이 바울의 마지막 당부이고, 21절에서 24절은 바울의 친구 디모테오, 루기오, 야손, 소시바드로, 그리고 이 편지를 필기한 데르디오, 그리고 바울이 묵고 있는 집주인 가이오 또 이 동네 동회의 회계 에라스도, 친구 과르도가 너희들에게 문안한다. 문안 받는 바울의 친구도 많고, 문안하는 바울의 친구도 많습니다. 무엇인가 애정이 넘치는 초대교회의 분위기를 느끼게 합니다.

마지막 25절에서 27절은, "오직 한 분이신 깬 하나님께 예수 그리스도를 통해서 영광을 드린다"는 것이 마지막 찬송입니다. 홀로 한 분이신 하나님께 영광을 돌리기 위하여 복음을 전한다는 것입니다. 복음이란 하나님께서 바울에게 몰래 보여 준 것입니다. 비밀의 계시입니다. 그 계시란 너희들을 강하게 할 수 있는 분이 하나님이라는 것입니다. 그리고 이 하나님에게 어떻게 도달하나. 예수 그리스도를 통해서만 도달할 수 있다는 것입니다.

복음이란, 예수를 만나는 것이 하나님을 만나는 길이라는 것입니다. 예수는 하나님을 만나는 길입니다. 길의 발견, 이것이 한없이 기쁜 소식입니다. 그동안 하나님을 만날 길이 없었는데, 예수를 통해서, 하나님을 만나게 됐다는 것입니다.

그러면 예수를 어떻게 만나는가. 예수의 마음을 내 마음으로 가지는 것입니다. 예수의 마음을 어떻게 아는가. 예수의 생애를 통해서 예수의 마음을 알 수 있습니다. 예수의 생애를 말하는 것이 복음이라는 것입니다.

예수는 30년 목수 일을 하고, 40일 금식기도를 하고, 하나님의 말씀을 전하고, 억울하게 십자가에 달려 죽고, 사흘 만에 살아나서, 많은 사람에게 나타났습니다. 그리고 마침내는 바울에게까지 나타났습니다. 그래서 바울은, 죽음이, 끝이 아니라는 것을 깨닫고, 하나님이 계시는 것을 믿고, 그리스도가 보내는 성령을 받아, 한없는 기쁨에 충만 되어, 기쁨을 전하는 것이 바울의 사랑이요, 로마서 16장입니다. 바울도 진리를 깨달은 것입니다. 어떻게? 그리스도에 대한 사랑을 통해서 진리를 깨닫고 성 바울이 되었다는 그 기쁨을 전하는 것이 로마서입니다.

영원을 사는 사람
김흥호 사상 전집 · 기독교 설교집 6

지은이 | 김흥호
발행인 | 최정식
기획 편집 | 임우식 · 이경희

1판 1쇄 발행 | 2009년 12월 4일

발행처 | 사색 출판사
주소 | 서울 중앙우체국 사서함 206호
전화 | 070-8265-9873 팩스 02-6442-9873
홈페이지 | www.hyunjae.org
이메일 | hyunjae2008@hotmail.com
인쇄 | (주)약업신문

Copyright ⓒ김흥호, 2009, *Printed in Korea*
ISBN 978-89-93994-06-3   04080
ISBN 978-89-93994-00-1   (세트)

*이 책은 〈김흥호 사상 전집〉 제6번째로 출판되었습니다.
*저자와의 협의에 따라 인지는 생략합니다.
*잘못된 책은 바꿔드립니다.
*이 도서의 국립중앙도서관 출판시도서목록(CIP)은 e-CIP 홈페이지
http://www.nl.go.kr/cip.php에서 이용할 수 있습니다.(CIP제어번호: CIP2009003595)